TEMPÊTE DE PRIÈRE

GUIDE DE PRIÈRE QUOTIDIEN

SOIS DILIGENT !

MAI – JUIN 2025

Godson T. Nembo

SOIS DILIGENT !

Droits d'auteur @ Avril 2025

Publié au Cameroun par
Réseau chrétien de restauration
crnprayerstorm@gmail.com,
prayerstorm@christianrestorationnetwork.org

ISBN : 978-1-63603-309-9

Tous droits réservés !
Aucune portion de ce livre ne doit être utilisée sans la permission écrite du publicateur, sauf les extraits brefs publiés dans les journaux, les articles, etc.
Sauf indication contraire, toutes les citations bibliques sont extraites de la Sainte Bible, Louis Segond.

CONTACT
BP 31339 Biyem-assi, Yaoundé, Cameroun
Tel : (237) 679.46.57.17, 652.38.26.93 or 696.56.58.64
Émail : **godsonnembo@gmail.com** ou
contact@christianrestorationnetwork.org
www.christianrestorationnetwork.org

OÙ ACHETER CE LIVRE : CONFER LA DERNIÈRE PAGE

Boutique Tempête de prière en ligne : Avec MTN ou Orange Mobile Money *(pout les résidents au Cameroun)* et le portefeuille électronique *(pout ceux résidant à l'étranger)*, vous

pouvez facilement obtenir la version électronique de ce livre et d'autres parutions du RCR via www.amazon.fr au https://shorturl.at/pqxyT ou www.christianrestorationnetwork.org/our-bookstore.
https://goo.gl/ktf3rT

VOUS POUVEZ ACCÉDER À TOUTES LES COPIES IMPRIMÉES DE NOS LIVRES POUR TOUTE DURÉE SPÉCIFIÉE À VOTRE PORTE.
Contactez le (237) 679465717 pour les détails d'abonnement et de paiement.

Traduit en Français par : Manuela Fotso : (237) 674647131/ 696067989 et Tatiana Iyeme : (237) 678143176

Imprimé à Yaoundé au Cameroun par Mama press : (237) 677581523

AU SUJET DES TÉMOIGNAGES :
Votre témoignage est une arme contre le royaume des ténèbres. Il est aussi une semence pour le miracle d'autrui. Partagez avec nous ce que Dieu a utilisé ce Guide de prière et nos livres pour faire dans votre vie ; par SMS, appel téléphonique ou émail.

DEVENEZ UN PARTENAIRE DU MINISTÈRE :
Composez le (237) 679.46.57.17 ou 674.49.58.95 ou 699.90.26.18 ou envoyez un email à :
crnprayerstorm@gmail.com ou
contact@christianrestorationnetwork.org

Envoyer votre soutien financier à :
- ECOBANK Nº de compte : **0040812604565101**
- Carmel Cooperative Credit Union Ltd. Bamenda Nº de compte : **261**
- ORANGE Mobile Money Nº de compte : **699902618**
- MTN Mobile Money Nº de compte : **674495895**

APPEL AUX DIFFUSEURS :

Si vous êtes intéressé par la distribution de ce guide de prière quotidienne Tempête de prière, appelez ou envoyez un SMS à l'un de ces numéros pour négociation : (237) 675.68.60.05 ou 677.43.69.64 ou 674.49.58.95 ou 699.90.26.18, ou envoyez un email à :
crnprayerstorm@gmail.com (cf. la dernière page).

TABLE DES MATIÈRES

ÉVÈNEMENTS IMPORTANTS/ANNONCES XI

COMMENT DEVENIR UN ENFANT DE DIEU XIII

MAINTENANT QUE TU ES NÉ DE NOUVEAU XV

COMMENT UTILISER CE GUIDE DE PRIÈRE QUOTIDIEN...XVIII

JEUDI 1ER MAI	SOIS DILIGENT..... 20
VENDREDI 2 MAI	LES SECRETS D'UNE VIE FRUCTUEUSE 1 22
SAMEDI 3 MAI	LES SECRETS D'UNE VIE FRUCTUEUSE 2 25
DIMANCHE 4 MAI	LES SECRETS D'UNE VIE FRUCTUEUSE 3 28
LUNDI 5 MAI	JOUIR D'UNE VIE ABONDANTE 30
MARDI 6 MAI	PARLE À LA SITUATION 33
MERCREDI 7 MAI	LE SACRIFICE D'UN HÉROS..................... 36
JEUDI 8 MAI	ÉPARGNE DANS TA DEMEURE ÉTERNELLE 38

VENDREDI 9 MAI	DIEU TE MET À L'ÉPREUVE AVEC DE L'ARGENT 41
SAMEDI 10 MAI	CHANGE TA FAÇON DE PENSER 44
DIMANCHE 11 MAI	TON ANGLE MORT 47
LUNDI 12 MAI	REBONDIS 49
MARDI 13 MAI	NE TRAITE PAS LE PÉCHÉ À LA LÉGÈRE 52
MERCREDI 14 MAI	ATTENDS DANS LA PRIÈRE ET LE JEÛNE 55
JEUDI 15 MAI	NE PERDS PAS COURAGE 58
VENDREDI 16 MAI	EXAMINE-TOI 61
SAMEDI 17 MAI	LE BESOIN DES HOMMES INTÈGRES 64
DIMANCHE 18 MAI	MANIFESTE LA COMPASSION 66
LUNDI 19 MAI	LA VOIX DE DIEU RESTAURE 68
MARDI 20 MAI	LA PAROLE: LA CLÉ POUR OUVRIR LES PORTES 71

MERCREDI 21 MAI	DEVIENS UN OUVRIER DE LA 11ᴱ HEURE 74
JEUDI 22 MAI	MÊME S'IL NE LE FAIT PAS 76
VENDREDI 23 MAI	QU'OFFRES-TU À DIEU? 79
SAMEDI 24 MAI	SOIS GENTIL AVEC LES PAUVRES 81
DIMANCHE 25 MAI	DIEU PEUT UTILISER N'IMPORTE QUI 84
LUNDI 26 MAI	LA FOI N'EST PAS TOUJOURS LOGIQUE 86
MARDI 27 MAI	NON AU DÉSHONNEUR ! 89
MERCREDI 28 MAI	DÉVELOPPE TON ESPRIT 92
JEUDI 29 MAI	NE GASPILLE PAS. 94
VENDREDI 30 MAI	METS TA CONFIANCE EN DIEU 97
SAMEDI 31 MAI	LA DOULEUR PEUT TE RENDRE MEILLEUR OU AMER 100

DIMANCHE 1ER JUIN	ENTRE AVEC UN CŒUR PUR 103
LUNDI 2 JUIN	MARCHE SELON L'ESPRIT 106
MARDI 3 JUIN	REÇOIS UN MIRACLE ! 109
MERCREDI 4 JUIN	DIEU PARLE ENCORE................111
JEUDI 5 JUIN	DIEU T'ÉTABLIRA 114
VENDREDI 6 JUIN	LA PERSÉVÉRANCE DANS TA VISION .117
SAMEDI 7 JUIN	LA PLÉNITUDE DU TEMPS 119
DIMANCHE 8 JUIN	DEMANDE L'ESPRIT SAINT 121
LUNDI 9 JUIN	RÉPONDS AVEC DOUCEUR............ 124
MARDI 10 JUIN	LA PRIÈRE : LA CLÉ DE LA RESTAURATION . 127
MERCREDI 11 JUIN	L'HUMILITÉ : LA CLÉ POUR DES RELATIONS SAINES 130
JEUDI 12 JUIN	DEMANDE LA DIRECTION DIVINE 133

VENDREDI 13 JUIN	CE N'EST PAS ENCORE LE TEMPS DE MOURIR ! **135**
SAMEDI 14 JUIN	LES CLÉS POUR ACCÉDER À LA LUMIÈRE DIVINE**138**
DIMANCHE 15 JUIN	COMPRENDRE LA GRÂCE ET LES OEUVRES..............**141**
LUNDI 16 JUIN	LA DESTINÉE EXIGE LA DILIGENCE **144**
MARDI 17 JUIN	TU ES UN GUERRIER **147**
MERCREDI 18 JUIN	COMMENT POSSÉDER UNE PROMESSE **149**
JEUDI 19 JUIN	LES CLÉS POUR DOMINER SUR L'IMMORALITÉ ... **152**
VENDREDI 20 JUIN	JÉSUS TE GUÉRIT MAINTENANT..... **155**
SAMEDI 21 JUIN	ES-TU AUX PRISES DU REJET ? **157**
SAMEDI 22 JUIN	NE SOIS PAS AMER ; LOUE ! **160**
LUNDI 23 JUIN	ÉCOUTE DIEU **163**

MARDI 24 JUIN	NE PROVOQUE PAS DIEU	166
MERCREDI 25 JUIN	SE SOUMETTRE LES UNS AUX AUTRES	168
JEUDI 26 JUIN	IL EST FIDÈLE POUR PARDONDONER	171
VENDREDI 27 JUIN	UTILISE TON DROIT D'ALLIANCE	174
SAMEDI 28 JUIN	GOUVERNE TA LANGUE	176
DIMANCHE 29 JUIN	CHOISIR DE PLAIRE À DIEU	178
LUNDI 30 JUIN	PRIE POUR LE CAMEROUN	180

L'UTILITE DE VOTRE SOUTIEN 183

TÉMOIGNAGE 183

OÙ ACHETER CE GUIDE DE PRIÈRE 185

PUBLICATIONS DU RÉSEAU CHRÉTIEN DE RESTAURATION (RCR/TEMPÊTE DE PRIÈRE) 196

ÉVÈNEMENTS IMPORTANTS/ANNONCES

PROGRAMME SPÉCIAL DE PRIÈRE			
CAMP DE PRIÈRE DE RESTAURATION 9ᵉ édition	Lieu Yaoundé, Cameroun	Thème *DÉLIVRANCE PROFONDE*	*Du jeudi 3 au Samedi 5 juillet 2025*

Inscrivez-vous immédiatement par https://forms.gle/r1uM3UhNNQrmRFb19.
Contact WhatsApp : (237) 681722404 ou 679465717/
Téléphonez : (237) 695722340 ou 652382693.

PROGRAMME SPÉCIAL : JE PRIE POUR VOUS

Joignez-vous au Pasteur Godson pour une demi-heure de dévotion matinale **chaque LUNDI, MERCREDI,** et **VENDREDI** à parti de **6h** en directe sur Facebook, YouTube **@PastorGodsonNemboTangumonkem**

HEURE DE LA RESTAURATION

Joignez-vous au Pasteur Godson et Anna TANGUMONKEM pour l'HEURE DE LA RESTAURATION **tous les MARDIS** matin de **6h à 7h30** dans la Salle des fêtes « Fontaine de grâce » à Jouvence, rue Mendong – Yaoundé, Cameroun.
Un moment d'intercession prophétique pour les individus, les familles et les nations.

ANNONCES

➢ Festival de feu séries no. 1-4 et Le pouvoir doit changer de camp Tome 1-10, à présent disponibles à 3.000 FCFA. Passez vos commandes dès aujourd'hui.

- ➢ Abonnez-vous annuellement au Guide quotidienne de prière à partir de 10.000 FCFA pour vos copies numériques.
- ➢ Tous nos ouvrages sont disponibles à notre siège, sis au Carrefour Biyem-Assi, Yaoundé, troisième étage du bâtiment qui est face à Campus pour Christ. **Contact :** 681.72.24.04, 695.72.23.40.
- ➢ Nos ouvrages, les bibles ainsi que d'excellentes littératures chrétiennes sont en vente dans la librairie Tempête de prière (Prayer Storm Bookshop), à Cow Street Nkwen – Bamenda. **Contact :** 675.14.04.50, 694.20.04.51, 674.59.35.98, 679.46.57.17.

PROJET DU CAMP DE PRIÈRE POUR LA RESTAURATION

- La POSE DE LA PRMIÈRE PIERRE DE LA MAISON DE PRIÈRE DE RESTAURATION à Tsinga Village, Yaoundé, a eue lieu en décembre 2023
- La construction de la base du RCR à Yaoundé au Cameroun a commencé en janvier 2020.
- Pour plus s'informations concernant votre participation à ce projet, appelez-nous ou envoyez-nous des SMS au **(237) 674.49.58.95, 678.16.46.88, 673.50.42.33, 699.90.26.18.**

Questionnaire de rétroaction :
Nous serons ravis d'entendre vos suggestions sur la façon dont nous pouvons améliorer ce livre : Envoyez vos commentaires au **(237) 681722404**, utilisez le lien ci-dessous :
https://prayer-stormdevotional.paperform.com/
ou scannez le CODE QR ici pour remplir le formulaire en ligne.

COMMENT DEVENIR UN ENFANT DE DIEU

Il ne suffit pas d'aller à l'église et de prier. « Si un homme ne naît de nouveau, il ne peut voir le royaume de Dieu. » (Jean 3 :3). Les étapes suivantes t'aideront à savoir que faire pour naître de nouveau.

Étape 1 : Dieu t'aime et t'offre un plan merveilleux pour ta vie.

« Car Dieu a tant aimé le monde qu'il a donné son Fils unique, afin que quiconque croit en lui ne périsse point, mais qu'il ait la vie éternelle. » (Jean 3 :16). Jésus a dit : « Moi, je suis venu afin que les brebis aient la vie, et qu'elles soient dans l'abondance. » (Jean 10 :10).

Peu importe qui tu es et ce que tu as fait, Dieu t'aime malgré tout et Il veut te sauver (Rom.5 :8).

Étape 2 : Tes péchés t'ont séparé de Dieu ; c'est pourquoi tu n'expérimentes pas son plan merveilleux pour ta vie.

« Car tous ont péché et sont privés de la gloire de Dieu. » (Rom.3 :23) ; « Car le salaire du péché c'est la mort [séparation spirituelle d'avec Dieu] » (Rom.6 :23). Toutes tes activités religieuses et tes efforts ne peuvent pas te sauver. Dieu a pourvu à une solution pour toi.

Étape 3 : Jésus-Christ est le seul chemin pour retourner à Dieu.

Jésus a dit : *« Je suis le chemin, la vérité et la vie. Nul ne vient au Père que par moi. » (Jean 14 :6).* Jésus-Christ est le seul sacrifice que Dieu peut accepter pour tes péchés. Tu peux te connecter au plan de Dieu pour ta vie à travers Lui.

Étape 4 : Tu dois recevoir Jésus-Christ comme ton Seigneur et Sauveur. C'est alors que tu pourras expérimenter le plan de Dieu pour ta vie.

Reçois-Le par une invitation personnelle et par la foi. *« Voici, je me tiens à la porte, et je frappe. Si quelqu'un entend ma voix et ouvre la porte [ton cœur], j'entrerai chez lui, je souperai chez lui, et lui avec moi. » (Apo.3 :20).*

Si tu es prêt à donner ta vie à Jésus-Christ maintenant, fais cette prière de tout ton cœur.

« Cher Seigneur Jésus-Christ, j'ai besoin de toi. Je t'ouvre la porte de mon cœur et je te reçois comme Seigneur et Sauveur. Pardonne tous mes péchés et lave-moi de ton sang. Fais de moi la personne que tu veux que je sois. Merci de m'avoir sauvé. »

Félicitations ! Tu es à présent un enfant de Dieu.

Appelle-nous maintenant pour qu'on prie pour toi au (237) 652.38.26.93 ou 696.56.58.64

(Pasteur Godson T. Nembo et l'Équipe de Tempête de prière)

MAINTENANT QUE TU ES NÉ DE NOUVEAU

Décider de devenir un chrétien né de nouveau c'est la meilleure décision que tu aies jamais prise de ta vie et je t'en félicite. Les points suivants te permettront de jouir de ta nouvelle vie en Jésus-Christ.

1. **Vis avec la conscience que tu es sauvé :** il est fondamental que tu sois certain de ta nouvelle foi. C'est ce qu'on appelle l'assurance du salut. Crois que tes péchés ont été pardonnés et que Dieu les as oubliés en vertu du prix que Jésus a payé en offrant sa vie en sacrifice sur la croix, et crois que tu n'es plus sous aucune condamnation (Actes 16 : 31, Rom. 8 :1-2, 2Cor. 5 : 17, Jn. 1 :12).

2. **Rejoins une communauté chrétienne :** par la nouvelle naissance, tu es entré dans la famille de Dieu. Trouve une église qui enseifrgne et pratique fidèlement les écritures, où l'adoration te permet d'être en communion avec Dieu, où les gens sont amicaux, et où la croissance spirituelle est encouragée (Héb. 10 : 25, Gal. 6 : 10).

3. **Procure-toi une bible et étudie-la quotidiennement** : tu peux commencer par Jean, ensuite Actes, Romains, etc. Tout comme un enfant a besoin de nourriture physique pour grandir, la parole de Dieu est la nourriture spirituelle qui nous fait grandir pour être semblables à Christ (1Pi. 2 : 2 , Jn. 5 : 24). Consulte d'autres chrétiens matures pour toutes explications.

4. **Communie quotidiennement avec Dieu :** à travers la prière, nous parlons avec Dieu, nous lui exprimons nos fardeaux, de même que nous lui offrons notre adoration, notre louange et notre reconnaissance. Nous avons aussi le privilège d'écouter Dieu nous parler, déversant sur nous son amour, sa paix, ses bénédictions et son orientation divine (Rom. 10 : 9, 1Thes. 5 : 17, 1Pi. 5 : 8).

5. **Détruis tout ce que tu possèdes de diabolique :** abstiens-toi de tout ce qui ne glorifie pas Dieu. Élimine toute mauvaise chose liée à ta vie de péché passée ; les choses telles que les objets pornographiques, l'argent et les biens volés, les talismans, les charmes, les grigris, etc. (2Cor. 6 : 17, Tit. 2 : 11).

6. **Sépare-toi des mauvais amis et fais-toi de nouveaux amis pieux :** maintenant que tu es né de nouveau, tu dois abandonner l'ancien mode de vie et marcher dans la vérité (Ps. 1 : 1-3, 2Cor. 4 : 2, 5 : 17, Éph. 4 : 22, 1Jn. 1 : 6).

7. **Fais-toi baptisé :** le baptême d'eau par immersion authentifie publiquement notre salut et affirme notre appartenance au corps de Christ (Rom. 6 : 4, Col. 2 : 12, Matt. 28 : 19, Actes 2 : 38, 8 : 36).

8. **Recherche le baptême du Saint-Esprit :** le Saint-Esprit nous rassure que nous sommes sauvés et nous habilite pour vivre et faire des exploits pour Dieu à travers des dons spéciaux (Rom. 8 : 14, Actes 2 : 1-4, 10 : 38, Éph. 5 : 18).

9. **Parle de Jésus aux autres :** notre caractère doit témoigner de notre transformation intérieure. Aussi, notre désir ardent de parler de l'amour de Dieu aux autres et de les conduire à Christ est une preuve de notre salut (Jn. 4 : 28-29, Actes 4 : 10, 22 : 14, 2Tim. 2 : 2).

10. **Adore Dieu avec tes biens, à travers les offrandes et les dîmes :** donner à cœur joie est essentiel pour l'avancement du royaume de Dieu – les offrandes volontaires et les dîmes (un dixième de notre revenu) (Deut. 16 : 16-17, Prov. 3 : 9-10, 2Cor. 9 : 7).

11. **Fais de la vie de Christ ton modèle :** fixe tes regards sur Jésus, l'auteur et le consommateur de notre foi. Fais de lui ton modèle (Héb. 12 : 2, Phil. 2 : 5-11, Éph. 4 : 24).

12. **N'abandonne pas ; si tu tombes, lève-toi et continue :** la course chrétienne peut sembler difficile et pleine de défis, avec des persécutions, des distractions, des oppositions, et même des découragements. Mais sois rassuré, tu y arriveras par la foi (Prov. 24 : 16, Esa. 41 : 10, Phil. 1 : 6).

Je prie que tu tiennes ferme, et que tu termines bien comme les autres héros de la foi, au nom de Jésus ! Amen.

Appelle-nous pour tout besoin de conseils et de prière : (237) 652.38.26.93 ou 696.56.58.64.

(Pasteur Godson T. Nembo & Équipe Tempête de prière)

COMMENT UTILISER CE GUIDE DE PRIÈRE QUOTIDIEN

J'ai découvert que plusieurs personnes ne savent pas comment bien se servir de ce livre. Par conséquent, ils n'en tirent pas grand profit. J'aimerais vous expliquer comment utiliser ce livre pour votre moment de prière personnelle ou comment l'utiliser pour diriger une session de prière de groupe.

Ton temps de dévotion personnelle :

1. *Lis le sujet du jour :* Il présente ce sur quoi le Saint-Esprit voudrait que tu te focalises pendant cette journée.

2. *Lis le passage biblique du jour à voix haute :* Sais-tu que les Écritures se lisaient à haute voix par le passé ? Tu saisis plus lorsque tu lis à voix haute pour toi-même. Le message du jour est tiré du passage ; tu peux aller au-delà de l'étude que nous en faisons.

3. *Prends du temps et lis la méditation que j'ai écrite :* Cela t'aidera à mieux comprendre le message du jour.

4. *Prie les points de prière qui y sont mentionnés :* Lis chaque point de prière, ensuite prends du temps et prie bien avant de lire le point suivant. Certaines personnes lisent tous les points de prière et concluent en disant "au nom de Jésus" et elles répondent "Amen". Ce n'est pas ainsi qu'ils doivent être utilisés.

5. *Prie pour les autres :* Rassure-toi que tu utilises les points de prière pour prier pour les autres.

6. *Ajoute autres sujets de prière :* Par exemple, consacre ta journée, ta famille, ton emploi, ton église, etc. à Dieu. Prie pour tes besoins spécifiques et pour ceux des autres.

7. *Prières prophétiques de la semaine :* Ces points seront présentés chaque Lundi. Nous t'encourageons à les utiliser chaque jour de la semaine qui suit.

Conduire un groupe à prier :
1. Lis le sujet du jour à voix haute.
2. Demandes à une ou plusieurs personnes de lire le passage biblique du jour à haute voix.
3. Lis la méditation du jour à haute voix. Après lecture, tu peux faire quelques commentaires, si nécessaire.
4. Permets aux autres membres du groupe d'apporter leurs contributions ou de poser des questions s'ils en ont.
5. Lis un point de prière à la fois et permets aux membres de prier pendant quelques temps avant de lire le prochain.
6. Après qu'ils aient prié tous ensemble, tu peux demander à une personne d'élever sa voix et de prier.
7. Lorsque tu auras fini de lire les points de prière, demande aux membres du groupe de donner leurs propres sujets de prières.
8. A la fin, permets à une personne de prier pour conclure la session.

Plan de lecture biblique :
Nous avons inclus deux plans de lecture biblique : **« La Bible en 1 an »** et **« La Bible en 2 ans »**. Tu peux lire toute ta Bible en un an si tu suis le premier plan ou en deux ans si tu suis le deuxième plan. Mets du temps de côté chaque jour pour lire ta Bible.

Jeudi 1er mai **SOIS DILIGENT**

Lis : Proverbes 6 : 4-11

> **La bible en 1 an :** Luc 22-24
> **La bible en 2 ans :** Psaume 106

« La main nonchalante appauvrit, mais la main active enrichit » (Proverbes 10 : 4 BDS).

Si tu veux la prospérité financière, tu dois obéir à la Parole de Dieu qui nous ordonne de travailler dur. Tout ce que tu investiras te rapportera trente, soixante ou cent fois plus. Galates 6 : 7 dit : *« Ne vous faites pas d'illusions : Dieu ne se laisse pas traiter avec mépris. On récolte ce que l'on a semé » (SEMEUR).*

Proverbes 6 : 6-8 nous dit que les fourmis sont prospères parce qu'elles sont industrieuses et diligentes. Comment ? Elles s'occupent de leurs propres affaires et travaillent dur sans supervision ni coercition. Ami, si tu aspires sincèrement à la prospérité financière que tu déclares continuellement, tu dois apprendre à travailler dur comme les fourmis, sans supervision.

Veux-tu expérimenter une percée financière surnaturelle ? Il ne suffit pas de faire de vaines déclarations sur les grandes choses que tu veux voir dans ta vie ; tu dois obéir à la Parole de Dieu. Tu peux obtenir ce que tu déclares, mais il te faut agir pour amener cela à l'accomplissement. La foi sans les œuvres (l'action) est une foi morte qui ne peut produire de résultats. *« Mes frères, à quoi servirait-il à un homme de dire qu'il a la foi s'il ne le démontre pas par ses actes ? Une telle foi peut-elle le sauver ? » (Jacques 2 : 14 SEMEUR)*. Ami, si tu attends de Dieu quelque chose, commence à agir en conséquence.

Lorsqu'une déclaration ne s'accompagne pas d'actions, elle devient une requête morte et inutile. Si tu réclames la prospérité, tu dois t'armer de courage et sortir chercher quelque chose à faire. Tu dois travailler dur. J'ai lu l'histoire d'un jeune homme qui avait reçu une prophétie d'un prédicateur invité, lui annonçant que Dieu le ferait prospérer abondamment cette année-là. Après le culte, son ami demanda à l'homme de Dieu : « Y a-t-il une parole pour moi de la part du Seigneur ? » L'orateur invité lui répondit « Je n'ai rien à dire pour l'instant ». Ce jeune homme prit son destin en main, travailla très dur cette année-là et fit plus de progrès que son ami qui avait reçu la prophétie.

Agis sur la base de la Parole de Dieu, et ta vie ne sera plus jamais la même.

Prions

1. *Père, merci parce que ta Parole ne faillira pas dans ma vie, au nom de Jésus.*
2. *Père, ma destinée est établie en Christ ; elle se manifestera totalement, au nom de Jésus.*
3. *Père, tout travail est profitable ; je reçois la grâce de travailler dur et de faire des progrès extraordinaires, au nom de Jésus.*
4. *La prospérité est le fruit du travail dur et intelligent ; je reçois la sagesse de travailler intelligemment, au nom de Jésus.*
5. *Père, je reçois la grâce de mettre ta Parole à l'œuvre dans ma vie, au nom de Jésus.*
6. *Père, délivre-moi de la paresse spirituelle et mentale, au nom de Jésus.*

Vendredi 2 mai **LES SECRETS D'UNE VIE FRUCTUEUSE 1**

Lis : 2 Chroniques 26 : 3-8

> **La bible en 1 an :** Juges 1-4
> **La bible en 2 ans :** Psaume 107

« Comme le sarment ne peut de lui-même porter du fruit, s'il ne demeure attaché au cep, ainsi vous ne le pouvez non plus, si vous ne demeurez en moi ... Celui qui demeure en moi et en qui je demeure porte beaucoup de fruit, car sans moi vous ne pouvez rien faire » (Jean 15 : 4-5).

L'intimité est un secret de la productivité. Un couple ne peut pas porter de fruits s'il ne devient pas intime - cette loi biologique ne peut pas être brisée. De même, un être humain ne peut porter de fruits spirituels s'il n'est pas proche de Dieu. Ta proximité avec des disciples consacrés et dévoués de Jésus-Christ facilite également ta transformation spirituelle et ta maturité. Montre-moi quelqu'un qui est très proche d'un croyant qui craint Dieu et je te montrerai un disciple de Christ authentique en devenir.

L'intimité avec Dieu est une qualité spirituelle vitale que tu dois rechercher. Par exemple, plus on est proche du feu, plus on a chaud. J'ai observé que les personnes qui recherchent superficiellement la présence de Dieu portent moins de fruits que les chercheurs assidus. Peux-tu être décrit comme un chercheur assidu de Dieu ?

Se pourrait-il que tu sois devenu trop occupé pour chercher Dieu ?

Dans Marc 12 : 34, Jésus dit à quelqu'un : *« Tu n'es pas loin du royaume de Dieu »*. De toute évidence, il ne parlait pas d'une distance physique. Il décrivait la proximité spirituelle de l'homme avec le royaume de Dieu. Cela implique que si un homme peut être spirituellement proche du royaume de Dieu, il peut aussi en être spirituellement éloigné. Il est donc essentiel de maintenir un lien spirituel étroit avec Dieu.

Le sarment est censé être profondément enraciné dans la vigne pour porter des fruits. Ami, plus tu te rapproches de Dieu, plus tu es oint. Cela se traduit par une abondance de fruits dans ta vie. Tu me demanderas peut-être : « Comment puis-je être proche de Dieu ? » C'est simple ! Approche-toi de Dieu et il s'approchera de toi (Jacques 4 : 8). Prends du temps pour aller dans la présence de Dieu et t'attendre à lui, et tu expérimenteras la beauté de sa présence et de sa gloire.

Un porteur de la présence de Dieu ne peut pas être stérile !

Prions
1. *Père, merci parce que tu te révèles fidèlement à tout chercheur sincère et diligent, au nom de Jésus.*
2. *Père, aujourd'hui, je sacrifie sur l'autel tout ce qui tente de m'éloigner de ta présence, au nom de Jésus.*
3. *Père, remplis-moi de ton Esprit et suscite en moi une soif inassouvissable de ta présence, au nom de Jésus.*
4. *Feu de Dieu, descends sur moi maintenant et consume tout voile d'aveuglement spirituel responsable du christianisme superficiel, au nom de Jésus.*

5. *Père, remplis-moi de sagesse pour suivre ceux qui te suivent sincèrement, au nom de Jésus.*
6. *Père, certaines personnes recherchent la vérité et ont besoin d'être guidées ; envoie-moi vers elles, au nom de Jésus.*

Samedi 3 mai   **LES SECRETS D'UNE VIE FRUCTUEUSE 2**

Lis : Hébreux 12 : 3-13

> **La bible en 1 an :** Juges 5-8
> **La bible en 2 ans :** Psaume 108-109

« Tout sarment qui est en moi et qui ne porte pas de fruit, il le retranche; et tout sarment qui porte du fruit, il l'émonde, afin qu'il porte encore plus de fruit » (Jean 15 : 2).

Dieu retranchera tout sarment stérile, mais il t'émondera parce que tu portes du fruit. Pourquoi ? Pour que tu puisses porter du fruit en abondance. L'émondage ou l'élagage sont un processus semi-agressif d'élimination des qualités indésirables. Lorsque Dieu t'émonde, cela signifie qu'il te met dans une situation difficile pour te forcer à expulser, éjecter, dégager, rejeter, décharger, éradiquer ou exclure quelque chose de négatif de ta vie.

De nombreux événements douloureux de nos vies sont des processus d'émondage. La souffrance que l'on vit, lorsqu'on traverse des moments de crises ou des problèmes sérieux, élimine souvent de nos vies des attitudes et des qualités indésirables. J'ai été témoin de transformations spectaculaires dans les vies de certains croyants après qu'ils aient vécu une épreuve ardente. C'est comme si certaines attitudes dans nos vies ne pouvaient être traitées que par le feu. Un mariage problématique peut t'émonder d'un orgueil indésirable. La perte d'un emploi peut t'émonder de ton arrogance. La perte d'argent peut t'émonder de ta folie. Il est impossible de décrire le processus d'émondage que Dieu a prévu pour toi. Cependant, attends-toi à être émondé par le Seigneur pendant que tu portes des fruits dans le Seigneur Jésus-Christ.

Le processus d'émondage est assez désagréable, mais les résultats ont un impact éternel sur ta destinée (v. 11). Au lieu de te décourager à cause de tes difficultés, concentre-toi sur la moisson de justice et de paix qui s'annonce. Dieu ne peut pas permettre que tu affrontes une situation que tu ne pourras pas surmonter (1 Corinthiens 10 : 13). S'il l'a permis, c'est que tu peux la surmonter. Tourne-toi vers lui pour obtenir la grâce et la sagesse qui te guideront à travers cette situation.

Toute épreuve a une date d'expiration. Ne gâche pas le processus en devenant amer. Souviens-toi : tu subiras le même cycle si tu échoues à l'épreuve. Reçois la grâce de triompher, au nom de Jésus.

Prions
1. *Père, merci parce que ton plan pour moi est la vie abondante et fructueuse.*
2. *Père, merci pour la profonde œuvre de transformation en cours dans ma vie, au nom de Jésus.*
3. *Ô Seigneur, je m'abandonne à ton processus d'émondage ; parfais ton œuvre dans ma vie, au nom de Jésus.*
4. *Père, tu es plus intéressé par ma transformation que par mon confort ; aide-moi à me soumettre entièrement à ta volonté pour ma vie, au nom de Jésus.*
5. *Père, l'opinion des gens n'est pas ta volonté ; aide-moi à m'accrocher à ta volonté et à ton plan pour ma vie, au nom de Jésus.*

6. *Père, fortifie tes enfants qui lisent ce message et qui sont confrontés à des épreuves, pour qu'ils demeurent dans ta volonté avec joie, au nom de Jésus.*

Dimanche 4 mai   **LES SECRETS D'UNE VIE FRUCTUEUSE 3**

Lis : Ésaïe 32 : 13-15

La bible en 1 an : Juges 9-12
La bible en 2 ans : Psaume 110-111

« Jusqu'à ce que l'esprit soit répandu d'en haut sur nous, Et que le désert se change en verger, Et que le verger soit considéré comme une forêt » (Ésaïe 32 : 15).

La présence du Saint-Esprit dans ta vie te rendra abondamment fructueux. L'absence de l'action du Saint-Esprit entraîne la sécheresse et l'absence de fruits dans ta vie. Là où le Saint-Esprit est à l'œuvre, la transformation et la productivité sont visibles. Ami, les choses changeront lorsque le Saint-Esprit sera répandu sur toi. Tu deviendras fructueux. Lorsque tu es oint, tu deviens fructueux - plein de fruits et de résultats.

    Le Saint-Esprit a rendu Jésus-Christ fructueux. Luc 4 : 18 dit de lui : « *L'Esprit du Seigneur est sur moi, Parce qu'il m'a oint pour annoncer une bonne nouvelle aux pauvres; Il m'a envoyé pour guérir ceux qui ont le cœur brisé, Pour proclamer aux captifs la délivrance, Et aux aveugles le recouvrement de la vue, Pour renvoyer libres les opprimés* ». Le Saint-Esprit était le secret du ministère fructueux de Jésus. Ton ministère est-il stérile, sans résultats tangibles pour démontrer ton travail ? Le Saint-Esprit viendra sur toi et mettra fin à la stérilité. Avant de recevoir le Saint-Esprit, Jésus était un charpentier dans l'ombre à Nazareth. Après cette expérience, sa renommée s'est répandue comme une traînée de poudre. Ton histoire va changer.

Le Saint-Esprit a rendu les disciples de Jésus fructueux. Après avoir reçu la puissance du Saint-Esprit le jour de la Pentecôte, les signes et les prodiges sont devenus communs parmi eux. En conséquence, plusieurs personnes ont été sauvées et ajoutées au royaume. Les disciples silencieux et confus ont explosé de puissance, bouleversant leur génération pour le Seigneur.

Le Saint-Esprit est la stratégie de Dieu pour mettre fin à toute forme de stérilité dans ta vie. Notre verset clé dit : *« Jusqu'à ce que l'esprit soit répandu d'en haut sur nous ... »*. Le mot « jusque » signifie un temps d'attente ou une période de préparation avant un événement important. Tu dois chercher Dieu passionnément et patiemment pour que le Saint-Esprit soit répandu dans ta vie. Parler en langues ne suffit pas ; recherche la puissance de Dieu.

Prions

1. *Père, merci parce que tu enverras le Saint-Esprit pour mettre fin à la stérilité dans ma vie, au nom de Jésus.*
2. *Présente cette zone stérile au Seigneur et prie pour la guérison et la restauration, au nom de Jésus.*
3. *Père, accorde-moi la grâce de te chercher jusqu'à ce que ta gloire sature ma vie, au nom de Jésus.*
4. *Père, déchire les cieux sur nous et répands ton Esprit puissamment sur nous, au nom de Jésus.*
5. *Père, lève-toi dans ma vie et transforme mon ministère stérile en un champ fructueux, au nom de Jésus.*
6. *Père, envoie-nous la pluie du réveil pour le renouvellement et la restauration de ton œuvre, au nom de Jésus.*

Lundi 5 mai **JOUIR D'UNE VIE ABONDANTE**

Lis : Ephésiens 3 : 14-21

> **La bible en 1 an :** Juges 13-15
> **La bible en 2 ans :** Psaume 112-113

« Le voleur ne vient que pour dérober, égorger et détruire; moi, je suis venu afin que les brebis aient la vie, et qu'elles soient dans l'abondance » (Jean 10 : 10).

Il y a une qualité de vie que nous sommes appelés à vivre en Christ. Elle s'appelle la vie abondante. En bénéficies-tu ?

Dans Jean 10 : 10, Jésus dit : *« Le voleur ne vient que pour dérober, égorger et détruire; moi, je suis venu afin que les brebis aient la vie, et qu'elles soient dans l'abondance ».* À quoi ressemble la « vie en abondance » dont nous parlons ? Tout d'abord, regarde ces mots : « vie » et « en abondance ». « Vie » vient du mot grec *'Zoé'*, qui signifie « la plénitude absolue de la vie ». L'expression « en abondance » utilisée dans ce récit biblique est le mot grec *'Perissos'*, qui signifie « Au-delà, plus que nécessaire, surabondant ». En d'autres termes, Dieu veut que nous jouissions de la vie éternelle (vie surnaturelle) au-delà de ce qui est nécessaire et au-delà des mesures normales.

Mais le problème est que la plupart des croyants relèguent par ignorance la vie éternelle à une expérience future alors qu'en fait, nous sommes appelés à jouir d'une vie surnaturelle ici et maintenant. Tu n'as pas besoin d'attendre la mort pour connaître la vie éternelle. Dieu ne veut pas que nous survivions à peine en attendant le paradis. Il veut que nous jouissions de la vie abondante, qui est une vie de victoire.

La question est : comment jouir de cette vie abondante ? Dans son épître aux Éphésiens, Paul écrit : « *Or, à celui qui peut faire, par la puissance qui agit en nous, infiniment au-delà de tout ce que nous demandons ou pensons* » *(v. 20)*. L'expression « infiniment au-delà » est la même que celle utilisée par Jésus pour décrire la vie qu'il est venu nous donner. En d'autres termes, Dieu désire que nous vivions au-dessus des circonstances, de la douleur, de la peur, de la maladie, du rejet et de toute autre limitation qui nous est présentée dans le monde naturel. Il veut que nous expérimentions une vie de domination - une vie de victoire véritable. La clé se trouve dans cette phrase : « *par la puissance qui agit en nous* ». Si tu veux jouir de la vie abondante, tu dois la demander par la foi, par la puissance de l'Esprit qui agit en toi. Plus la demande est grande, plus l'offre est grande !

Prions
1. *Père, merci car tu m'as donné la vie abondante et éternelle en Christ.*
2. *Père, merci pour ta vie abondante à l'œuvre en moi, au nom de Jésus.*
3. *Père, aide-moi à toujours me voir selon ta perspective et non selon celle du monde, au nom de Jésus.*
4. *La guérison et la restauration coulent en moi à cause de la présence de la vie de Dieu en moi, au nom de Jésus.*
5. *Ma vie va de gloire en gloire et de force en force grâce à la vie de Dieu qui agit en moi, au nom de Jésus.*
6. *Je n'échouerai pas et je ne tomberai pas parce que la vie de Dieu me soutient, au nom de Jésus.*

Prières prophétiques

1. *Le Saint-Esprit est à l'œuvre en moi ; je produirai d'abondants fruits d'un caractère pieux, au nom de Jésus.*
2. *La bénédiction de l'Éternel est sur moi ; les œuvres de mes mains prospéreront, s'accroîtront et se multiplieront abondamment ce mois-ci, au nom de Jésus.*
3. *Les ennemis de ma destinée ne me vaincront pas ce mois-ci, au nom de Jésus.*

Mardi 6 mai PARLE À LA SITUATION

Lis : Jérémie 1 : 4-8 ; Nombres 14 : 26-31

La bible en 1 an : Juges 16-18
La bible en 2 ans : Psaume 114-115

« Allez leur dire ceci: "Aussi vrai que je suis vivant, moi, le Seigneur, je déclare que je vous traiterai selon les paroles que j'ai entendues de vous » (Nombres 14 : 28 BDS).

Dieu t'a donné le pouvoir sur ta langue pour ordonner le changement dans ta vie. Si tu n'aimes pas ce qui se passe dans ta vie, tu peux le changer par ce que tu déclares. Tu peux changer ton avenir par ce que tu déclares aujourd'hui.

Si tu veux savoir où tu seras dans cinq ans, écoute tes paroles. Que tu le réalises ou non, chaque fois que tu parles, tu prophétises sur ton avenir. Si tu veux être plus fort, en meilleure santé et plus heureux dans les jours à venir, commence à le déclarer dès maintenant.

Nous nous parlons plus à nous-mêmes qu'à n'importe qui d'autre. La question est : que dis-tu à toi-même ? Jérémie était encore jeune et inexpérimenté lorsqu'il a entendu les promesses de Dieu. Au lieu de se sentir béni, il a eu peur et a dit : « Dieu, je ne peux pas faire cela. Je ne peux pas parler aux nations. Je suis trop jeune. Je ne saurais même pas quoi dire. » Mais Dieu lui a répondu : « Jérémie, ne dis pas que tu es jeune ».

Il y a des choses que tu ne dois pas dire de toi parce qu'elles détruiraient ta destinée.

Les paroles négatives empêchent les promesses de Dieu de se concrétiser dans nos vies. C'est mauvais de limiter Dieu par les déclarations négatives de nos lèvres. N'oublie jamais que Dieu nous répond en fonction de ce que nous disons à ses oreilles. Ne te trompe pas en pensant que tu peux parler n'importe comment et continuer à bien vivre.

Tous les Israélites qui ont choisi de se plaindre et de murmurer contre Dieu sont morts dans le désert, victimes de diverses plaies, parce qu'ils l'avaient déclaré sur leurs vies. Que déclares-tu sur ta vie ?

Dès aujourd'hui, cesse de maudire ta destinée par des paroles négatives et commence à te bénir. Tu seras satisfait des bonnes choses par le fruit de tes lèvres. N'as-tu pas lu dans la Bible que lorsque tu décrètes des choses, elles s'accomplissent (Job 22 : 28) ? Commence dès aujourd'hui à déclarer : tout ira bien pour moi et je mangerai le fruit de mon travail, au nom de Jésus (Ésaïe 3 : 10).

Prions
1. *Père, oins mes oreilles pour que j'entende ta voix audiblement ce mois-ci, au nom de Jésus.*
2. *Père, que je ne rate pas la parole pour ma percée ce mois-ci, au nom de Jésus.*
3. *Père, je libère mon âme de la captivité des murmures et des plaintes, au nom de Jésus.*
4. *Je commence à déraciner toute parole destructrice que les autres et moi-même avons déclarée sur ma destinée, au nom de Jésus.*

5. *Père miséricordieux, lève-toi et commence à restaurer chaque domaine de ma vie que les paroles négatives ont détruit, au nom de Jésus.*
6. *Commence à décréter les bonnes choses que tu veux voir dans ta vie dès maintenant, au nom de Jésus.*

Mercredi 7 mai **LE SACRIFICE D'UN HÉROS**

Lis : Genèse 22 : 1-10

> **La bible en 1 an :** Juges 19-21
> **La bible en 2 ans :** Psaume 116-117

« C'est par la foi qu'Abraham offrit Isaac, lorsqu'il fut mis à l'épreuve, et qu'il offrit son fils unique, lui qui avait reçu les promesses » (Hébreux 11 : 17 SEMEUR).

L'une des caractéristiques d'un héros est sa capacité à faire des sacrifices exceptionnels. Les vrais héros ne sont pas célèbres pour les titres qu'ils revendiquent, mais pour leurs exploits hors du commun. Abraham est un héros de la foi en raison de la qualité des sacrifices qu'il a faits pour Dieu.

À l'âge de 99 ans, Abraham a conclu une alliance avec Dieu. Un an plus tard, Isaac est né. Ceci a marqué le début des générations d'Abraham et de sa descendance après lui. Dieu a demandé le sacrifice de son fils Isaac, qu'il aimait profondément. Abraham comprenait ce qu'impliquait le sacrifice de son fils unique, qui représentait la descendance que Dieu lui avait promise. Isaac était l'avenir de sa famille. Le perdre signifiait tout perdre. Pourtant, il refusa de céder à la logique humaine. Il avait décidé de suivre Dieu, et il n'allait pas reculer. Il avait commis des erreurs par le passé, mais cette fois-ci, il ne les répéterait pas.

Abraham se rendit tôt le lendemain sur la montagne pour honorer son alliance avec Dieu. C'était la preuve de son amour et de sa loyauté envers Dieu. Aujourd'hui, beaucoup chantent : « les bénédictions d'Abraham sont miennes... » Ils veulent les bénédictions d'Abraham mais ne veulent pas faire le même type de sacrifice qu'Abraham.

Le secret de la grandeur est lié à des sacrifices exceptionnels. C'est ce qui fera de toi un héros. Désires-tu être grand dans le royaume de Dieu ? N'aie pas peur des sacrifices. Démontre ton amour pour Dieu par des sacrifices sincères.

Prions
1. *Père, merci pour le sacrifice de Jésus-Christ sur la croix qui m'a donné accès à la famille éternelle de Dieu, au nom de Jésus.*
2. *Père, merci parce que chaque sacrifice que je fais pour l'Évangile apporte des bénédictions et l'augmentation, au nom de Jésus.*
3. *Père, remplis mon cœur d'un feu nouveau pour vivre une vie de sacrifice, au nom de Jésus.*
4. *Ô Père, apprends-moi à sacrifier les choses qui ont de la valeur à mes yeux pour ta gloire, au nom de Jésus.*
5. *Père, je me soumets à ta volonté ; tandis que la croix de Jésus-Christ s'occupe de la chair, fais-moi grandir dans ta puissance, ta sagesse et ta connaissance, au nom de Jésus.*
6. *Père, utilise-moi pour faire des choses extraordinaires pour ta gloire, au nom de Jésus.*

Jeudi 8 mai **ÉPARGNE DANS TA DEMEURE ÉTERNELLE**

Lis : Matthieu 6 : 19-21

> **La bible en 1 an :** Ruth 1-4
> **La bible en 2 ans :** Psaume 118

« J'apprécie vos dons, mais ce qui me rend le plus heureux, c'est la récompense bien méritée que vous obtiendrez grâce à votre bonté » (Philippiens 4 : 17, traduit de TLB).

Tu investis dans ta demeure éternelle chaque fois que tu es généreux. Jésus a appelé ce principe « amasser des trésors dans les cieux ». Il a utilisé cette expression six fois dans la Bible ! Tu ne dois pas prendre à la légère un sujet que Jésus mentionne six fois. Sinon, tu passeras certainement à côté d'une bénédiction.

Dans notre lecture, Jésus dit : *« Ne vous amassez pas des richesses sur la terre où elles sont à la merci de la rouille, des mites qui rongent, ou des cambrioleurs qui percent les murs pour voler. Amassez-vous plutôt des trésors dans le ciel, où il n'y a ni rouille, ni mites qui rongent, ni cambrioleurs qui percent les murs pour voler »* (Matthieu 6 : 19-20 SEMEUR). Ami, donner, c'est épargner sur ton compte céleste.

La plupart des gens vivent moins de 100 ans sur cette planète, après quoi ils doivent laisser tous leurs trésors terrestres derrière eux et aller soit au paradis soit en enfer. Mais la volonté de Dieu pour toi est que tu jouisses de ton trésor céleste pour l'éternité.

Alors, comment amasses-tu des trésors au ciel ? Comment les expédies-tu avant de quitter ce monde ? C'est en investissant dans l'œuvre et le peuple de Dieu. Dieu veut que tu investisses dans les gens parce que ces investissements ont des conséquences et des récompenses éternelles. Seules deux choses dureront éternellement : (1) la Parole de Dieu et (2) les gens. Les gens passeront l'éternité au paradis ou en enfer, et ton investissement dans une personne pourrait faire toute la différence.

Dans notre verset principal, Paul dit : *« J'apprécie vos dons, mais ce qui me rend le plus heureux, c'est la récompense bien méritée que vous obtiendrez grâce à votre bonté » (Philippiens 4 : 17, traduit de TLB).*
Il a écrit aux Philippiens pour leur exprimer sa reconnaissance pour leur soutien. Mais il a ajouté que le plus important était de savoir que leur sacrifice et leur générosité leur donnaient un trésor au ciel. Ils ont investi dans leur maison éternelle en investissant dans Paul. Investis dans ta demeure éternelle en sacrifiant ton temps, ton argent et tes biens matériels pour le bien des autres. Tu ne manqueras pas ta récompense.

Prions
1. *Père, merci de me bénir pour que je devienne une bénédiction pour les autres, au nom de Jésus.*
2. *Père, que je ne manque jamais une occasion de donner pour épargner dans mon compte céleste, au nom de Jésus.*
3. *Il y a des besoins dans les vies de certaines personnes que je dois satisfaire en cette saison ; guide-moi vers elles, au nom de Jésus.*
4. *Père, délivre-moi de la mentalité de receveur et donne-moi une mentalité de donateur, au nom de Jésus.*

5. *Père, que ta grâce provoque la manifestation de la générosité dans tous les domaines de ma vie, au nom de Jésus.*
6. *Père, enseigne-moi comment faire du profit dans tout mon travail cette année, au nom de Jésus.*

Vendredi 9 mai **DIEU TE MET À L'ÉPREUVE AVEC DE L'ARGENT**

Lis : Luc 16:10-13

> **La bible en 1 an :** 1 Pierre 1-2
> **La bible en 2 ans :** Psaume 119:1-32

« Ne vous amassez pas des richesses sur la terre où elles sont à la merci de la rouille, des mites qui rongent, ou des cambrioleurs qui percent les murs pour voler. Amassez-vous plutôt des trésors dans le ciel, où il n'y a ni rouille, ni mites qui rongent, ni cambrioleurs qui percent les murs pour voler. Car là où est ton trésor, là sera aussi ton cœur » (Matthieu *6:19-21 BDS).*

L'argent est l'un des moyens par lesquels Dieu te met à l'épreuve. S'il peut te faire confiance avec des biens matériels, alors il peut te faire confiance avec de vraies richesses dans le ciel.

Dieu utilise l'argent pour éprouver différents aspects de ta vie. Prends note de ceci :

1. ***L'argent montre ce que tu aimes le plus :*** Si tu veux vraiment savoir ce qui compte pour toi, observe la façon dont tu dépenses ton temps et ton argent. Cela montre clairement ce que tu aimes le plus. Matthieu 6:19-21 dit : *« Ne vous amassez pas des richesses sur la terre… amassez-vous plutôt des trésors dans le ciel… Car là où est ton trésor, là sera aussi ton cœur. » BDS).* Place ton argent là où tu veux que ton cœur soit. Sais-tu que tu développeras de

l'intérêt pour ce dans quoi tu investis ? **Si tu aimes Dieu, tu lui donneras ton argent.**

2. ***L'argent montre ce en quoi tu as le plus confiance*** *:* L'argent est l'épreuve décisive de la foi. La Bible dit : *« Ceux qui se confient dans leurs richesses tomberont, mais les justes seront verdoyants comme la frondaison nouvelle » (Proverbes 11:28 BDS).* Fais-tu confiance à ton argent pour assurer ta sécurité ou fais-tu confiance à Dieu ? Fais-tu confiance à ton argent pour te rendre heureux, ou fais-tu confiance à Dieu pour ton bonheur ? La façon dont tu utilises l'argent révèle en qui tu as confiance.

3. ***L'argent montre si Dieu peut te faire confiance :*** La façon dont vous utilisez votre argent montre si Dieu peut vous faire confiance. Luc 16:10-12 dit : « *Si quelqu'un est fidèle dans les petites choses, on peut aussi lui faire confiance pour ce qui est important. Mais celui qui n'est pas fidèle dans les petites choses ne l'est pas non plus pour ce qui est important. Si donc vous n'avez pas été fidèles dans la gestion des richesses injustes, qui vous confiera les véritables? Si vous n'avez pas été fidèles dans la gestion du bien d'autrui, qui vous donnera celui qui vous est personnellement destiné ? » (BDS).*

Ta gestion de l'argent influence la manière dont Dieu te bénit et te confie les ressources du Royaume. À présent que tu comprends qu'une bonne gestion financière attire la bénédiction de Dieu, demande-lui de t'aider à mettre de l'ordre dans tes finances afin qu'il puisse te confier les véritables richesses.

Prions
1. *Père, merci de m'avoir béni avec les moyens de te servir.*
2. *Père, délivre mon âme de l'amour de l'argent, au nom de Jésus.*
3. *Père, si j'ai échoué au test d'argent, s'il te plaît, pardonne-moi et restaure-moi, au nom de Jésus.*
4. *Père, gouverne mon cœur et apprends-moi à investir dans le Royaume, au nom de Jésus.*
5. *Père, la peur de perdre de l'argent est le début de l'avarice ; apprends-moi à utiliser l'argent, au nom de Jésus.*
6. *Les personnes généreuses ne sont jamais dans le manque ; que je ne manque aucune occasion de donner ce mois-ci, au nom de Jésus.*

Samedi 10 mai   **CHANGE TA FAÇON DE PENSER**

Lis : Proverbes 4:20-24

> **La bible en 1 an :** 1 Pierre 3-5
> **La bible en 2 ans :** Psaume 119:33-64

« Avant tout, prends garde à ce que tu penses au fond de toi-même, car ta vie en dépend » (Proverbes 4 :23, Français Courant).

Pour changer ta situation, change ta façon de penser ! Dieu est bien plus intéressé à changer ton état d'esprit qu'à changer tes circonstances. Je sais que tu désires que Dieu te débarrasse de tous tes problèmes, de ta douleur, de ton chagrin, de ta souffrance, de ta maladie et de ta tristesse. Mais il veut d'abord œuvrer en toi, car le changement ne se produira pas tant que tu n'auras pas renouvelé ton esprit (Romains 12:1-2). Alors, pourquoi est-il crucial d'apprendre à contrôler ton état d'esprit ? Voici trois raisons :

1. ***Tes pensées contrôlent ta vie :*** Proverbes 4:23 dit : *« Avant tout, prends garde à ce que tu penses au fond de toi-même, car ta vie en dépend. » (Français Courant)*. Quelles sont les pensées négatives qui contrôlent ton esprit ? Tes pensées ont une énorme capacité à façonner ta vie en bien ou en mal. Par exemple, tu as peut-être accepté l'insulte ou la voix maléfique qui te dit dans tes rêves : « Tu ne vaux rien. Tu n'arriveras jamais à rien de bon ». Si tu as accepté cette pensée comme une vérité, elle

façonnera négativement ta vie. Quelles sont les pensées négatives qui contrôlent ton esprit ?

2. ***Ta pensée est le champ de bataille du péché :*** Paul dit dans Romains 7:22-23 : *« Au fond de moi-même, je prends plaisir à la loi de Dieu. Mais je trouve dans mon être une autre loi qui combat contre celle qu'approuve mon intelligence. Elle me rend prisonnier à la loi du péché qui est en moi » (Français Courant).* Parfois, tu ressens une fatigue mentale à cause des batailles qui se déroulent dans ton cerveau 24 heures sur 24, 7 jours sur 7. Ces batailles sont acharnées, car ton esprit est ton plus grand atout, et Satan veut le contrôler.

3. ***Ta pensée est la clé de ta paix et de ton bonheur :*** un esprit sous le contrôle de l'ennemi engendre des tensions, du stress et des conflits. En revanche, tu jouis de la tranquillité et de la confiance lorsque tu maîtrises ton esprit avec la Parole de Dieu. Cher ami, désires-tu jouir de la force, de la sécurité et de la sérénité ? Prends le contrôle de ton esprit et dirige-le avec la Parole de Dieu.

Prions
1. *Père, merci de m'avoir donné la pensée de Christ, au nom de Jésus.*
2. *Père, que ta lumière brille en moi et expose chaque mauvaise pensée que Satan essaie d'utiliser contre moi, au nom de Jésus.*
3. *Sang de Jésus-Christ, commence à purifier mon esprit de toute pollution par des pensées négatives, au nom de Jésus.*
4. *Place ta main sur ton front et prie 5 fois : « Feu Dieu, brûle maintenant et consume toute pensée impure en moi, au nom de Jésus. »*

5. *J'extirpe toute pensée de… (Mentionne le nom) de mon esprit, au nom de Jésus.*
6. *Commence à planter des pensées saines et pieuses dans ton esprit (paix, amour, joie, etc.).*

Dimanche 11 mai   **TON ANGLE MORT**

Lis : Matthieu 16:13-20

> **La bible en 1 an :** 2 Pierre 1-3
> **La bible en 2 ans :** Psaume 119:65-88

« Que disent les hommes ? Qui dit-on que je suis, moi, le Fils de l'homme ? » (Matthieu 16:13).

Ce que les gens disent de toi peut t'aider à évaluer et à recentrer ta vie. C'est pourquoi tu ne dois pas être contrarié lorsque les gens te confrontent avec des questions concernant ta vie. Dans notre texte, Jésus a demandé à ses disciples de critiquer son ministère. Par cette critique, son identité leur a été révélée plus profondément.

Chaque fois que nous ouvrons les yeux, la lumière pénètre dans nos pupilles et atteint notre rétine. À l'intérieur de la rétine se trouvent des photorécepteurs, des cellules nerveuses qui transmettent l'information au cerveau. C'est ainsi que nous percevons les choses. Cependant, il existe une petite zone de notre rétine dépourvue de photorécepteurs : c'est notre angle mort. Par conséquent, nous ne pouvons pas interpréter la lumière qui y est projetée.

Dans la vie, les angles morts sont des choses que les autres voient rapidement en nous, mais que nous ignorons. Ce sont des aspects de nous-mêmes dont nous sommes généralement inconscients. On peut les appeler nos faiblesses.

Comment peux-tu découvrir ton angle mort ? À l'instar de Jésus-Christ, demande à des amis proches et de confiance de te donner un avis honnête sur ton apparence, ton caractère, ton éthique professionnelle, tes relations, tes manières à table, ton hygiène personnelle, tes finances, tes habitudes d'étude, ton attitude envers les clients et ton approche des tâches. Si ces personnes t'aiment sincèrement et que tu es ouvert à elles, elles t'indiqueront des pistes pour améliorer ta vie si tu t'adaptes à elles.

Connaître ses angles morts peut t'aider à prendre du recul pour ajuster ton comportement et à te protéger de tes faiblesses. Cependant, cela ne peut fonctionner que si tu agis pour changer. Sois intentionnel dans la transformation de ton caractère.

Tout le monde a un angle mort. L'identifier et le gérer fait de toi une meilleure personne.

Prions

1. *Père, merci parce que rien me concernant n'est caché devant toi, au nom de Jésus.*
2. *Père, fais briller ta lumière et révèle-moi mes angles morts ainsi qu'à mes amis, au nom de Jésus.*
3. *Père, donne-moi la grâce d'accepter les critiques constructives afin que je puisse grandir, au nom de Jésus.*
4. *Père, entoure-moi de personnes qui peuvent m'aider à grandir, au nom de Jésus.*
5. *Père, s'il te plaît, aide-moi à ne manquer aucune saison que tu as ordonnée pour moi cette année, au nom de Jésus.*
6. *Père, aide-moi à maîtriser toute mauvaise habitude en moi que Satan veut utiliser pour ruiner ma destinée, au nom de Jésus.*

Lundi 12 mai   **REBONDIS**

Lis : Michée 7:7-10 ; Prov. 24:16-17

La bible en 1 an : 1 Thessaloniciens 4-5
La bible en 2 ans : Psaume 119:89-120

« Ne te réjouis pas à mon sujet, mon ennemie ! Car je suis tombée, je me relèverai ... » (Michée 7:8).

Aucun échec n'est définitif dans la vie. Cela implique que, quelle que soit ta chute, tu peux te relever et accomplir de plus grands exploits avec Dieu. Le prophète Michée croyait en cela : *« Ne te réjouis pas à mon sujet, mon ennemie ! Car je suis tombée, je me relèverai »*. Cher ami, la main de Dieu est déployée aujourd'hui pour te sortir de toute fosse, au nom de Jésus.

Malheureusement, certaines personnes ont une approche surhumaine de la vie. Elles ne peuvent s'imaginer faire des erreurs. Elles considèrent ceux qui ont commis des erreurs comme étant des échecs. Cette tendance perfectionniste les a paralysées au point de les rendre incompétentes ou inertes. À l'inverse, certaines personnes qui refusent d'abandonner réalisent des progrès remarquables après plusieurs tentatives.

En tant qu'êtres humains, nous sommes sujets à l'erreur. C'est pourquoi nous devrions éviter d'attendre la perfection de nos enfants, de notre conjoint, de nos amis et des membres de notre famille. En juillet 2024, j'ai rencontré un homme aimable dans une salle de sport à Los Angeles, aux États-Unis, et nous avons passé de merveilleux moments à faire des exercices physiques tous les matins. En début janvier 2025, j'ai reçu un triste message : « Jerry est mort. Il s'est suicidé. » Lorsque j'ai demandé pourquoi, on m'a répondu qu'il s'était découragé à cause des mauvais résultats scolaires de ses enfants. Combien se sont détruits parce qu'ils n'ont pas su gérer l'échec ?

Ton échec n'est pas la fin. L'erreur que tu as commise n'a pas scellé ta destinée. Dieu veut changer les choses pour toi. Décide de ne pas abandonner. On raconte l'histoire d'un joueur qui marqua par erreur un but contre son équipe. À la mi-temps, son équipe était menée d'un but. Tout le monde était gêné par cette erreur coûteuse et pensait que l'entraîneur remplacerait le joueur. Étonnamment, l'entraîneur le serra dans ses bras, lui dit : « Je te comprends », et ne le remplaça pas. Ce joueur était prêt à faire mieux et marqua les buts de l'égalisation et de la victoire.

Tu n'es pas un échec parce que tu as échoué. Rebondis au nom de Jésus !

Prions
1. *Père, merci parce que ma chute n'a pas fait de moi un échec ; je peux rebondir, au nom de Jésus.*
2. *Père, je prends la résolution aujourd'hui de rebondir là où je suis tombé ; aide-moi, au nom de Jésus.*
3. *Père, relâche dans ma vie tout ce dont j'ai besoin pour rebondir de là où je suis tombé, au nom de Jésus.*
4. *Père, mon nom n'est pas un échec ; là où je suis maintenant n'est pas ma destination ; j'avance, au nom de Jésus.*
5. *Place ta main sur ta poitrine et prie 5 fois : « Je reçois un nouveau feu pour mon prochain niveau, au nom de Jésus. »*

6. *Père, avec toi, rien n'est perdu. Commence à prier pour la restauration dans ta vie et dans celle des autres.*

Prières prophétiques de la semaine
1. *Je suis la prunelle des yeux de Dieu ; aucune main maléfique ne prévaudra sur moi cette semaine, au nom de Jésus.*
2. *Le Dieu de vérité, de justice et de paix combattra pour moi, et je garderai le silence, au nom de Jésus.*
3. *Tout mal programmé contre ma famille et mes yeux par les esprits ancestraux est avorté, au nom de Jésus.*

Mardi 13 mai   **NE TRAITE PAS LE PÉCHÉ À LA LÉGÈRE**

Lis : Proverbes 28:13-14

La bible en 1 an : Psaume 1-3
La bible en 2 ans : Psaume 119:121-144

« Or vous le savez, Jésus a parût pour ôter les péchés, et il n'y a point en lui de péché » (1 Jean 3:5).

Notre texte de lecture révèle les deux façons dont les gens traitent le péché : ils le confessent et l'abandonnent ou le cachent et l'ignorent, puis continuent leur vie comme si rien de grave ne s'était produit.

Tu dois savoir que lorsque tu refuses de confronter tes péchés et de les traiter correctement, tu exposes ta vie et celle de ta famille aux attaques sataniques. Un bon exemple biblique est celui du roi David, qui a commis l'adultère avec la femme d'un de ses commandants militaires, Uriel. Au lieu de se repentir de son adultère, il est allé plus loin et a assassiné Uriel parce qu'il voulait cacher son péché. Sa mauvaise gestion du péché a provoqué de terribles malédictions sur sa famille (1 Samuel 11-12). La façon dont certaines personnes gèrent le péché semble les emmener à penser que lorsqu'elles réussissent à dissimuler un péché aux yeux du public, celui-ci est enterré pour toujours. Non ! La Bible dit clairement : *« Celui qui cache ses fautes ne prospérera pas, mais celui qui les avoue et les délaisse obtient miséricorde » (Proverbes 28:13 BDS).*

En ce qui concerne ceux qui se moquent des autres qui sont tombés dans le péché et qui se vantent en disant : « Je peux ne fais jamais ça », sans construire de solides murs spirituels autour leurs vies, la Bible dit : *« C'est pourquoi, si quelqu'un se croit debout, qu'il prenne garde de ne pas tomber! » (1 Corinthiens 10:12 BDS)*. Si tu ne parviens pas à gérer le péché de manière appropriée, tu risques faire les choses que tu avais juré ne jamais faire. Compte tenu du zèle fervent de David à servir Dieu, on n'aurait jamais imaginé qu'il pourrait commettre l'adultère et le meurtre.

Un autre danger de ne pas traiter correctement ton péché est que Dieu peut t'abandonner. Paul a écrit à ce sujet : *« Ils n'ont pas jugé bon de connaître Dieu...Dieu les a abandonnés à leur pensée faussée, si bien qu'ils font ce qu'on ne dit pas » (Romains 1:28 BDS)*. C'est le pire qui puisse t'arriver ; que Dieu te livre à tes désirs charnels et te dise : « Fais ce que tu veux ».

Mais la bonne nouvelle aujourd'hui est que *« Jésus a paru pour ôter les péchés, et il n'y a point en lui de péché » (1 Jean 3:5)*. Tu peux être libéré du péché si tu es prêt à te repentir, à faire la restitution et à permettre au Saint-Esprit de travailler ton caractère.

Prions
1. *Père saint, merci d'avoir envoyé Jésus- Christ pour effacer mes péchés.*
2. *Y a-t-il certains problèmes que tu dois régler devant Dieu ? Prends le temps de les régler maintenant.*
3. *Y a-t-il certains problèmes que tu dois régler avec quelqu'un ? Décide ce que tu devras faire au cours de la semaine prochaine.*
4. *Feu de Dieu, brûle la racine de... (nomme le péché) dans mon cœur et libère-moi, au nom de Jésus.*

5. Père, donne-moi la grâce de faire mourir les œuvres de la chair dans ma vie, au nom de Jésus.
6. Saint-Esprit, remplis nos cœurs et fais fleurir la justice de Dieu parmi nous, au nom de Jésus.

Mercredi 14 mai

ATTENDS DANS LA PRIÈRE ET LE JEÛNE

Lis : Luc 2:36-38

La bible en 1 an : Psaume 4-6
La bible en 2 ans : Psaume 119:145-176

« Puis elle était devenue veuve et avait vécu seule jusqu'à quatre-vingt-quatre ans. Elle ne quittait jamais le temple où elle servait Dieu, nuit et jour, par le jeûne et la prière » (Luc 2:37).

La prière est la force qui pousse la main de Dieu à changer le monde. Tant que nous n'attendrons pas dans la prière, nous ne pourrons pas jouir de certaines victoires.

L'histoire d'Anne dans notre texte nous inspire à pratiquer l'art d'attendre de Dieu. Après la mort de son du mari à un jeune âge, elle a attendu dans la prière et le jeûne dans le temple jusqu'à l'âge de quatre-vingt-quatre ans. La Bible dit : *« Elle ne quittait jamais le temple où elle servait Dieu, nuit et jour, par le jeûne et la prière » (v. 37)*. Miraculeusement, Dieu l'a gardée en vie jusqu'à ce qu'elle voie la consolation d'Israël à l'avènement de Jésus-Christ.

Aujourd'hui, beaucoup de gens ont mille et une raisons de ne pas trouver le temps de jeûner et de prier. Récemment, j'ai partagé des textes dans un forum, y compris des sujets de prière sur « Comment prier pour son mari, son épouse, ses enfants et sa carrière ». Quelqu'un m'a envoyé un message WhatsApp: « Bonsoir, pasteur. J'ai un souci. Je ne sais pas comment m'organiser pour prier. Je travaille pendant la journée, et j'ai un bébé de huit mois ». Pour cette personne, la prière est une lourde tâche qui ne peut pas être ajoutée à la charge des responsabilités qu'elle porte.

Cher ami, es-tu dans une situation où tu penses être trop occupé pour prier ? La vérité est que, si tu es trop occupé pour trouver le temps de communier avec ton créateur dans la prière, sois sûr que tu deviendras bientôt une proie pour l'ennemi. Une journée sans prière affaiblit le croyant. Les grands saints d'autrefois étaient des personnes de prière. Ils ont mis en déroute les royaumes des ténèbres par la puissance de la prière. Esther jeûna pendant trois jours sans manger ni boire, et devint un instrument de délivrance pour Israël.

Le jeûne n'est pas obsolète. Il génère une grande puissance. Quelle était la dernière fois que tu as attendu du Seigneur dans la prière et le jeûne ? Soumets-toi au Saint - Esprit et attends de Dieu !

Prions
1. *Père, merci pour ta grande puissance générée à travers la prière et le jeûne, au nom de Jésus.*
2. *Père, délivre mon âme de la paresse de jeûner et de prier, au nom de Jésus.*
3. *Père, donne-moi la grâce d'extirper de ma vie les choses qui tuent ma vie de prière, au nom de Jésus.*
4. *Père, répands à nouveau ton Esprit sur nous et restaure la passion de prier puissamment, au nom de Jésus.*
5. *Je lie et chasse tout esprit anti-prière qui me combat, ainsi que ma famille et l'Église, au nom de Jésus.*
6. *Présente à Dieu tout besoin présent que tu as. Il te répondra.*

Jeudi 15 mai **NE PERDS PAS COURAGE**

Lis : 2 Corinthiens 4:8-18

La bible en 1 an : Psaume 7-9
La bible en 2 ans : Psaume 120-122

« C'est pourquoi nous ne perdons pas courage. Et, lors même que notre homme extérieur se détruit, notre homme intérieur se renouvelle de jour en jour » (2 Corinthiens 4:16).

Tu as besoin d'une foi inébranlable pour accomplir ta destinée en Christ. Pourquoi ? Parfois, la mission de Dieu pour nous est si difficile que nous abandonnerons si nous n'avons pas une foi solide. Qu'est-ce qui a poussé l'apôtre Paul à dire : *« C'est pourquoi nous ne perdons pas courage ! » (2 Corinthiens 4:16)* ? C'était la foi. Il avait pleinement confiance en Jésus-Christ pour le conduire à bon port.

En trente-sept ans, le missionnaire William Milne (1785-1822) a eu un impact considérable dans l'œuvre de Dieu par sa consécration et son abnégation radicales à Dieu. Après sa conversion à l'âge adolescent, Milne s'est porté volontaire pour rejoindre la Société missionnaire de Londres et est devenu leur missionnaire en Chine. Il a entrepris la tâche ardue d'apprendre une nouvelle langue avec une volonté de fer. Il a dit un jour : « Apprendre le chinois exige un corps de fer, des poumons d'airain, une tête de chêne, des mains d'acier à ressort, des yeux d'aigle, un cœur d'apôtre, des mémoires d'anges et une vie de Mathusalem. » Pourtant, malgré les difficultés, il a persévéré et est devenu un expert de la langue chinoise.

Minle a enterré sa femme et deux enfants en bas-âge sur le champ missionnaire avant de mourir à 37 ans. Durant son séjour en Chine, il a contribué à la fondation d'églises et d'une école biblique, et a écrit et édité deux magazines missionnaires. Des centaines de personnes ont été sauvées grâce à ses efforts. Son refus de céder aux difficultés a accordé à son ministère un succès durable. Deux de ses enfants l'ont suivi dans le ministère à plein temps, et son témoignage a encouragé beaucoup à le suivre sur le champ missionnaire.

Nous sommes tous confrontés à des difficultés au cours de notre parcours chrétien. Cependant, la foi fait la différence entre ceux qui abandonnent et ceux qui accomplissent de grands exploits avec Dieu. Ceux qui réussissent ont une foi suffisamment forte pour faire confiance à Dieu dans les grandes épreuves et continuer à s'investir dans son œuvre. C'est de cette foi dont nous avons besoin aujourd'hui pour avoir un impact dans notre monde. L'apôtre Paul l'a démontré. C'est un esprit de non-abandon. Demande-le à Dieu !

Prions
1. *Père, merci parce qu'en Christ je suis inébranlable.*
2. *Père, merci parce que je peux faire les choses que tu m'as assignées, au nom de Jésus.*
3. *Père, remplis-moi de la force dont j'ai besoin pour accomplir ma mission dans le Royaume, au nom de Jésus.*
4. *Père, développe ma capacité à porter le fardeau du ministère que tu m'as confié, au nom de Jésus.*

5. *Père, délivre mon âme de la procrastination et de la paresse au nom de Jésus.*
6. *Père, apprends-moi à m'appuyer sur ta puissance pour faire ton œuvre, et non sur ma force, au nom de Jésus.*

Vendredi 16 mai **EXAMINE-TOI**

Lis : Josué 3:1-6

La bible en 1 an : Psaume 10-12
La bible en 2 ans : Psaume 123-125

« Josué dit au peuple : Sanctifiez-vous, car demain l'Éternel fera des prodiges au milieu de vous » (Josué 3:5).

Après quarante ans d'errance dans le désert, les enfants d'Israël s'apprêtaient à entrer en possession du pays de Canaan. Ils avaient besoin de recevoir des instructions précises pour marcher selon la volonté de Dieu. Ils avaient également besoin d'une couverture divine dans des combats acharnés pour affronter les occupants de la terre promise. Ils devaient se sanctifier et se présenter en sacrifice vivant à Dieu afin de garantir le soutien divin. Compte tenu des grandes choses que Dieu nous réserve cette année, nous devons continuellement procéder à un examen spirituel approfondi et ajuster nos voies afin de vivre chaque jour sous la couverture divine.

1. ***Examine ton fondement spirituel :*** Quelle est la racine, la source et la force de ta vie ? Est-ce Jésus-Christ ou autre chose ? (Éphésiens 2:20). Laisse Jésus devenir tout ce sur quoi tu comptes.

2. ***Examine ton cœur :*** Sur quoi sont centrées tes pensées ? Ton cœur est-il pur ? Sur quoi médites-tu

toute la journée ? Es-tu préoccupé par les choses de valeur éternelle ou submergé par l'ambition égoïste et les plaisirs de ce monde ? Que ton cœur soit pleinement consacré à Jésus-Christ.

3. *Examine ton style de vie :* Tes actions contribuent-elles à l'accomplissement de ta destinée divine ? Ton style de vie est-il une lumière rayonnante qui sert de témoignage aux non-croyants ? Commence à tout faire comme le faisant pour Jésus-Christ (Colossiens 3:23).

4. *Examine tes priorités :* qui occupe la première place dans ta vie ? Est-ce Dieu ou d'autres choses ? Un secret pour exceller cette année est de mettre le royaume et la justice de Dieu à l'ordre du jour.

5. *Examine ton focus :* Quel est ton centre d'intérêt? Est-ce sur les choses terrestres ou sur les choses célestes ? Recentre ta vie et deviens un chrétien focalisé vers les choses célestes. Refuse de gagner le monde et de perdre ton âme en enfer.

6. *Examine tes relations :* Qui sont tes amis les plus proches ? Marches-tu avec les sages pour devenir sages ? Marches-tu avec ceux qui craignent et aiment Dieu pour grandir dans la foi ? Il est temps de te séparer des insensés afin de ne pas être détruits par eux.

Il est temps de t'examiner et de t'assurer que tu es apte à accomplir le dessein divin. Ne tolère rien qui puisse entraver la manifestation de la gloire de Dieu dans ta vie.

Prions

1. *Remercie Dieu pour chaque nouvelle chose qu'il a prévu de faire dans ta vie cette année.*
2. *Présente ton cœur à Dieu et demande au Saint-Esprit d'illuminer ton âme et ton esprit. Demande-lui de te montrer les domaines qui nécessitent des changements.*
3. *Dis à Dieu : « Je suis prêt à changer et à marcher pleinement dans tes voies. Père, prends possession de mon cœur et aide-moi. »*
4. *Agenouille-toi devant le Seigneur et consacre-lui ta vie. Confie-lui tous les aspects de ta vie et engage-toi à marcher dans ses voies.*
5. *Père, que la justice, la pureté et le dévouement deviennent ma marque de fabrique à partir d'aujourd'hui, au nom de Jésus.*
6. *Père, apprends-moi à utiliser tout ce que tu mettras entre mes mains cette année. Fais aussi briller ma lumière avec plus d'intensité.*

Samedi 17 mai **LE BESOIN DES HOMMES INTÈGRES**

Lis : Jean 1: 43-51; Genèse 25 : 29-34

> **La bible en 1 an :** Psaume 13-15
> **La bible en 2 ans :** Psaume 126-128

« Jésus, voyant venir à lui Nathaniel, dit de lui : « Voici vraiment un Israélite dans lequel il n'y a point de fraude » (Jean 1:47).

Quel témoignage Jésus-Christ donnerait-il de toi, sur l'argent, la moralité et le ministère? Peut-il dire à propos de toi: « Voici un homme ou une femme d'intégrité? »

Qu'est-ce que « l'intégrité »? L'intégrité est la force morale et la fermeté. C'est l'incorruptibilité, la complétude ou l'honnêteté. Notre Dieu est un Dieu d'intégrité qui veut que nous soyons comme lui. Malheureusement, le monde souffre du Syndrome d'Intégrité-Déficience Aiguë (SIDA). Chaque jour, les gens recherchent des personnes d'intégrité avec lesquelles travailler. Les entreprises, les mariages et la société en général s'effondrent en raison de la carence en intégrité. La crise majeure de cette génération est que nous avons des politiciens de poids lourd sans intégrité, des étudiants et des professeurs sans intégrité, et malheureusement, des ministres de l'Évangile sans intégrité.

Dieu et le monde recherchent des hommes et des femmes intègres: les pasteurs avec de fortes fibres morales qui ne sont pas manipulées par l'or ou la vaine gloire; Les dirigeants publics qui ne souillent pas leur réputation en raison d'une position privilégiée dans le gouvernement; les gens fidèles dans les emplois qui leur sont confiés ; des hommes qui ont été testés avec des femmes, des finances et la renommée et qui ne sont pas devenus une honte. Un homme a laissé tomber son porte-monnaie contenant une énorme somme dans la boutique de l'un des membres de notre église. Il est revenu quelques jours plus tard et le frère lui a donné le sac sans l'ouvrir. L'homme a été choqué et a dit : « Toi là, tu ne deviendras jamais riche. » En d'autres termes, si j'étais toi, j'aurais gardé l'argent et j'aurais dit n'avoir jamais vu le porte-monnaie.

Es-tu une personne intègre comme Nathaniel? Peux-tu refuser d'être identifié à Ésaü qui a vendu son droit d'aînesse pour satisfaire son besoin immédiat ? Décide aujourd'hui de commencer à créer un profil d'intégrité. Cela peut être la clé de l'avenir glorieux dont tu rêves.

Prions

1. *Père, merci parce que tu prends soin de moi avec une parfaite intégrité.*
2. *Examine ta vie. Y a-t-il des domaines de malhonnêteté et de doubles standards? Présente-les à Dieu et cherche son pardon.*
3. *Père, marcher dans l'intégrité est possible; donne-moi la grâce de le faire, au nom de Jésus.*
4. *Père, marcher dans l'intégrité nécessite de la discipline ; Je reçois la grâce de vivre une vie disciplinée, au nom de Jésus.*
5. *Père, tu valorises et tu travailles avec des gens intègres; s'il te plaît, donne-moi un cœur intègre, au nom de Jésus.*
6. *Père, délivre mon âme de l'esprit d'Ésaü et fais-moi vivre comme Nathaniel, au nom de Jésus.*

Dimanche 18 mai **MANIFESTE LA COMPASSION**

Lis : Jacques 2: 14-18

> **La bible en 1 an :** Psaume 16-18
> **La bible en 2 ans :** Psaume 129-131

« Car je sauvais le pauvre qui implorait du secours, Et l'orphelin qui manquait d'appui. » (Job 29:12).

Tu deviens grand avec Dieu en rendant les autres grands. Jésus-Christ a mérité le nom le plus important de l'histoire humaine parce qu'il a donné sa précieuse vie pour ses disciples afin de les rendre grands. Il a donné un exemple que nous devons suivre (1 Pierre 2: 21).

Mère Theresa a déclaré: « La plus grande maladie aujourd'hui n'est pas la lèpre ni le cancer. C'est le sentiment d'être dénigré, indésirable - d'être abandonné et seul. » Ayant saisi cette vision, elle a passé sa vie à sauver des bébés malades et abandonnés à Calcutta, en Inde. Nous pouvons faire preuve de compassion envers des personnes défavorisées qui sont jonchées partout autour de nous parce que Jésus l'a fait.

Pense à ceci: des 1189 chapitres de la Bible, 250 contiennent les mots des prophètes. Cela représente environ 21% de toute la Bible. La moitié de ce que les prophètes disent dénonce le péché, et l'autre moitié condamne ceux qui voient la souffrance humaine et ne font rien. Aujourd'hui, les mêmes événements qui ont horrifié les prophètes à l'époque sont courants autour de nous, mais nous semblons être immunisés des souffrances humaines.

Il est dangereux de perdre sa sensibilité face au péché et à la souffrance humaine. Dieu s'attend à ce que notre foi soit accompagnée d'œuvres. Il dit clairement: « ...*la foi sans les œuvres [de compassion] est inutile* » *(Jacques 2: 20)*. Ceux qui vivent uniquement pour eux-mêmes sont très petits aux yeux de Dieu, peu importe à quel point ils sont riches devant les hommes.

Prions
1. *Père miséricordieux, merci parce que ton amour, ta miséricorde et ta grâce m'ont gardé en vie.*
2. *Ô Seigneur, revêts-moi d'un vêtement de miséricorde et utilise-moi cette année pour toucher plusieurs d'entre ceux qui ont besoin de ton amour, au nom de Jésus.*
3. *Père, je suis fatigué de lutter seul. Connecte-moi à mon ministère et à mes aides de destinée, au nom de Jésus.*
4. *Père, dirige le cœur des chefs d'église dans cette nation afin qu'ils prêtent une attention particulière à la situation difficile des pauvres et des nécessiteux, au nom de Jésus.*
5. *Prie pour que Dieu appelle des travailleurs engagés à servir les enfants de la rue dans cette nation.*
6. *Prie pour que Dieu appelle et oigne des hommes et des femmes pour rendre ministère aux toxicomanes et à ceux qui sont mentalement malades dans cette nation.*

Lundi 19 mai **LA VOIX DE DIEU RESTAURE**

Lis : Genèse 3: 8-13

> **La bible en 1 an :** Psaume 19-21
> **La bible en 2 ans :** Psaume 132-134

« Je fus ravi en esprit au jour du Seigneur, et j'entendis derrière moi une voix forte, comme le son d'une trompette » (Apocalypse 1:10).

La première chose que Dieu fait pour quelqu'un qu'il veut restaurer est de lui révéler sa voix. Il en est ainsi parce que la voix de Dieu garantit la connaissance de sa volonté et de ses voies dans ta vie. David a prié: *« Enseigne-moi tes voies, Ô Eternel ! Je marcherai dans ta fidélité… » (Psaume 86:11).* C'est pourquoi la manifestation de la voix de Dieu dans ta vie est indispensable à l'accomplissement de ta destinée. Le prophète Ésaïe a dit: *« Tes oreilles entendront derrière toi la voix qui dira : Voici le chemin, marchez-y ! car vous iriez à droite, ou vous iriez à gauche » (Ésaïe 30: 21).* La question est : « Entends-tu la voix de Dieu? »

La première tragédie de la chute de l'homme à Eden a été la perte de la voix de Dieu. Adam et Eve se sont cachés dans les buissons quand ils ont entendu la voix de Dieu à cause d'une conscience coupable (Genèse 3: 8). Ce fut, pour l'humanité, le début de l'éloignement de Dieu, la source de vie et de vérité. Aujourd'hui, de nombreux êtres humains ne peuvent pas identifier la voix de leur créateur. Ils se tournent vers les idoles, les démons et les esprits étrangers pour rechercher des solutions à leurs problèmes. Certains, comme le roi Saül, ne se tournent vers Dieu qu'en dernier ressort, lorsqu'ils sont submergés par des problèmes. Cela ne fonctionne pas comme ça ; cela n'a non plus fonctionné pour Saül. « Saül *consulta l'Eternel ; et l'Eternel ne lui répondit point, ni par des songes, ni par l'urim, ni par les prophètes* » *(1 Samuel 28: 6)*. Il faut connaître Dieu quand tout va bien afin de savoir comment se connecter à lui lorsque l'ennemi vient contre toi comme un flot.

Dieu veut restaurer sa voix dans ta vie pour une transformation totale. La Bible dit: *« La voix de l'Eternel retentit sur les eaux, le Dieu de la gloire fait gronder le tonnerre; l'Eternel est sur les grandes eaux »* (Psaume 29: 3). « Les eaux » dans ce verset est une image de la Bible. Entendre la voix de Dieu commence par une interaction quotidienne avec sa parole et le développement d'une habitude d'écoute pendant la méditation et la prière. Dieu ne perdra pas son temps à parler à quelqu'un qui ne lui obéira pas. Suis-tu sa voix?

Prions
1. *Père, merci pour ce jour et pour ta voix dans ma vie.*
2. *Ô Seigneur, pardonne-moi d'avoir désobéi à ta voix et d'avoir choisi mes propres voies.*
3. *Feu de Dieu, descends sur moi maintenant et restaure la voix de Dieu dans ma vie, au nom de Jésus.*
4. *Feu de Dieu, brûle tout cire spirituelle dans mes oreilles et connecte-moi au royaume de la révélation, au nom de Jésus.*
5. *Vous, les mauvaises voix, qui parlez dans mon esprit, mourez au nom de Jésus !*
6. *Mon père, amplifie ta voix dans ma vie et dirige-moi tous les jours cette année, au nom de Jésus.*

Prières prophétiques de la semaine

1. *Je ne me perdrai pas cette semaine. Je serai au bon endroit au bon moment, au nom de Jésus.*
2. *La parole de Dieu dans ma bouche et mon témoignage attireront les perdus à Jésus-Christ cette semaine, au nom de Jésus.*
3. *Les ténèbres ne submergeront pas cette nation et ne frustreront pas sa destinée prophétique. L'église continuera de briller de plus en plus, au nom de Jésus.*

Mardi 20 mai **LA PAROLE: LA CLÉ POUR OUVRIR LES PORTES**

Lis : Apocalypse 3: 7-8

La bible en 1 an : Psaume 22-24
La bible en 2 ans : Psaume 135-136

« Jusqu'au temps où arriva ce qu'il avait annoncé, et où la parole de l'Eternel l'éprouva » (Psaumes 105 : 19).

Dieu a tout créé par la puissance de sa parole, qui est la clé principale des portes ouvertes inhabituelles (Psaume 33: 6). Alors que tu engages la parole de Dieu en cette saison, il recréera ta destinée endommagée.

La Parole a la réponse aux questions qui troublent ton esprit. Elle a la lumière dont tu as besoin pour éclairer ton chemin sombre et le conseil dont tu as besoin pour résoudre ce problème complexe. Plusieurs des enfants de Dieu dans la Bible ont expérimenté des portes ouvertes et de nouveaux commencements lorsque la Parole leur a été révélée: (1) La porte de la prison s'est ouverte pour que Joseph retrouve sa liberté lorsque sa Parole est venue (Psaume 105: 17-25). Es-tu piégé dans une situation? Que tout ce dont tu as besoin pour être libéré aujourd'hui soit relâché, au nom de Jésus. (2) La porte de la libération de la captivité pour Israël a été ouverte lorsque Daniel a trouvé ce qui avait été écrit dans le livre du prophète Jérémie (Daniel 9: 2; Jérémie 29:10). La Parole dont tu as besoin pour ta percée se trouve dans la Bible. Je prie pour que le Saint-Esprit te connecte à elle ce mois-ci, au nom de Jésus. (3) Le ministère de Jésus a commencé avec puissance lorsqu'il a trouvé la parole qui était écrite à son sujet dans Ésaïe 61: 1-3 et Luc 4: 16-21. Sais-tu que l'avenir glorieux de Dieu pour toi se trouve dans les Écritures? J'ai découvert ma destinée dans les Écritures lors d'une retraite de prière en 1997 et je l'ai poursuivie jusqu'à ce jour.

Comment peux-tu engager la Parole pour ta porte ouverte?

1. ***Cherche la connaissance divine:*** Dans Luc 11:52, Jésus appelle la connaissance de la vérité dans le royaume 'une clé'. Recherche avec diligence les réponses à ton problème dans la Bible. Assieds-toi et cherche, et tu trouveras la clé.

2. ***Prie en utilisant la parole:*** Psaume 107: 20, *« Il a envoyé sa parole et les a guéris, et les a délivrés de leurs destructions. »* La parole de Dieu porte sa puissance et sa présence. Déclare la parole dans ta prière pour briser les barrières et apporter la restauration dans ta vie et ta famille. Le vent de restauration a commencé à souffler dans la vallée des ossements desséchés quand Ézéchiel a commencé à déclarer la parole du Seigneur.

3. ***Mets la parole en pratique:*** commence à faire ce que la Bible dit au sujet de ta situation. La percée viendra.

La parole de Dieu est la clé pour ouvrir les portes. Déclare-la pour changer ton histoire!

Prions

1. *Père, merci pour la puissance mise à ma disposition par le biais de ta parole.*
2. *Père, tout ce que je vois et ce que je ne vois pas a été créé par toi; tu peux recréer ma destinée brisée, au nom de Jésus.*
3. *Père, envoie ta parole et mets fin à cette phase de ma vie, pour un nouveau départ, au nom de Jésus.*
4. *Père, illumine mon esprit pour saisir ma parole pour les portes ouvertes ce mois-ci, au nom de Jésus.*
5. *Père, lève-toi et que tout pouvoir maléfique qui dit que je dois finir à mi-parcours soit anéanti, au nom de Jésus.*
6. *Père, que les portes exceptionnelles s'ouvrent devant moi pendant que je sors tous les jours de ce mois-ci, au nom de Jésus.*

Mercredi 21 mai **DEVIENS UN OUVRIER DE LA 11ᵉ HEURE**

Lis : Matthieu 20: 1-15

La bible en 1 an : Ézéchiel 22-24
La bible en 2 ans : Psaume 137-138

« Par conséquent, priez le seigneur de la récolte d'envoyer des ouvriers dans sa récolte » (Matthieu 9:38).

Dieu accomplit ses missions avec des hommes et des femmes consacrés, dévoués et diligents. Et, le dévouement est la clé de la distinction.

Aujourd'hui, nous considérons l'histoire des ouvriers recrutés à la 11e heure c'est-à-dire 17 heures. Alors que les autres ont commencé à 9 heures, eux ils sont arrivés 8 heures plus tard. Ils ont été recrutés tard sur le marché en tant qu'équipe du dernier espoir.

« Le ministère sur le lieu du travail », encore appelé l'entreprise comme ministère, l'entreprise comme mission ou le ministère en milieu professionnel, considère les lieux de travail laïques comme une plate-forme pour partager l'amour de Jésus - l'Évangile. Il s'agit des chrétiens servant Dieu à travers leur travail quotidien. Chaque enfant de Dieu est appelé à servir, c'est cela le sens du ministère. Où que tu travailles est ton lieu de ministère. Malheureusement, la plupart des gens restreignent l'idée du ministère à la prédication. Une infirmière, un mécanicien, un avocat, un enseignant, un politicien, etc. devraient tous travailler en tant que ministres, révélant le Christ dans le monde à travers leur travail. Pendant que le pasteur, le prophète ou l'apôtre sert dans l'église, tu devrais être un ministre là où tu travailles. Comment? En servant avec intégrité et en partageant l'Évangile lorsque l'opportunité se présente. Tu n'as peut-être pas besoin de démissionner de ton travail pour servir Dieu.

La chose la plus intéressante à propos des travailleurs de la 11e heure est qu'ils ont terminé leur mission et ont apporté la joie au maître. Ils ont satisfait le désir le plus profond du maître, alors il a ordonné au contremaître de commencer le paiement par eux. Et ils ont reçu le même salaire que ceux qui travaillaient depuis le matin.

Le secret du succès des travailleurs de la 11e heure était: ils travaillaient avec (1) un sentiment de privilège, (2) un sentiment d'urgence, (3) un sentiment de diligence, (4) un programme pour terminer la tâche, (5) ils ont travaillé sans réserve. Tu peux te distinguer en suivant les étapes des travailleurs de la 11e heure.

Prions
1. *Père, merci pour le privilège de travailler avec toi.*
2. *Père, aide-moi à voir mon travail en tant que ministère pour toi et les gens que je sers, au nom de Jésus.*
3. *Père, remplis-moi de ton esprit et aide-moi à développer la mentalité de l'ouvrier de la 11e heure, au nom de Jésus.*
4. *Prie avec les cinq secrets du succès du travailleur de la 11e heure. Que cela devienne ta façon de travailler.*
5. *Prie pour que tous les croyants de cette nation deviennent conscients de faire leur travail comme rendant ministère.*

Jeudi 22 mai   **MÊME S'IL NE LE FAIT PAS**

Lis : Daniel 3: 8: 24

> **La bible en 1 an :** Ézéchiel 25-27
> **La bible en 2 ans :** Psaume 139-140

« Voici, notre Dieu que nous servons peut nous délivrer de la fournaise flamboyante... Mais même s'il ne le fait pas. . . nous ne servirons pas tes dieux, et ... nous n'adorerons pas la statue d'or que tu as élevée » (Daniel 3: 17-18).

Dieu peut te délivrer du défi auquel tu es confronté maintenant. Cependant, il peut décider de le faire à sa façon. Que feras-tu si ta délivrance retarde ? Lorsque les choses sont devenues très difficiles, les trois garçons hébreux, au lieu de s'abandonner aux menaces du roi, ont déclaré hardiment : *« Voici, notre Dieu que nous servons peut nous délivrer de la fournaise flamboyante...Mais même s'il ne le fait pas. . . Nous ne servirons pas tes dieux, et que nous n'adorerons pas la statue d'or que tu as élevée » (Daniel 3: 17-18).*

Es-tu confronté à une situation menaçante en ce moment, et la délivrance semble-t-elle impossible? Tu dois décider quoi faire, comme les trois garçons hébreux. Tu dois te décider à faire confiance à Dieu jusqu'à la mort. Pourquoi?

1. ***Dieu est tout-puissant:*** Dieu peut transformer n'importe quelle situation malgré l'opposition. Dans Ésaïe 46:10 du Semeur, il dit: *« et mon dessein s'accomplira,*

oui j'exécuterai tout ce que je désire. » Il a éteint les flammes du feu pour les garçons hébreux lorsqu'ils sont tombés dans la fournaise. Et s'ils avaient perdu leur confiance en Dieu au moment critique où ils furent jetés dans le feu?

2. ***La présence de Dieu est toujours avec toi:*** dans Matthieu 28:20, Jésus dit, « voici je suis avec vous tous les jours, jusqu'à la fin du monde. » Tu peux lui faire confiance pour intervenir s'il est toujours avec toi comme promis.

3. ***Dieu est amour:*** Dieu t'aime profondément et désire ton bien-être. Il ne peut pas t'abandonner. Toute chose concoure à ton bien (Romains 8:28). Continue de faire confiance à Dieu.

Shadrack et ses amis avaient la foi que Dieu pouvait les délivrer de la condamnation à mort, mais même si Dieu ne faisait pas ce qu'ils voulaient, ils resteraient attachés à lui. Ils étaient convaincus qu'il avait un excellent plan pour eux. Peux-tu dire sincèrement: « Je sais que Dieu peut me délivrer de cette situation, et même s'il ne le fait pas, je suis de tout cœur engagé envers lui »?

Prions
1. *Père, merci parce que tu es souverain et il n'y a rien que tu ne puisses pas faire.*
2. *Père, merci parce que tu sais ce que je traverse maintenant et tu as un plan glorieux pour moi, au nom de Jésus.*
3. *Père, je m'engage à t'obéir jusqu'à la fin, quoi qu'il arrive, au nom de Jésus.*

4. Père, délivre-moi de la peur du feu, de la tempête ou du désert de l'épreuve, au nom de Jésus.
5. Père, manifeste-toi dans ma vie et fais-moi triompher des situations menaçant ma vie, au nom de Jésus.
6. Père, je remets ma destinée entre tes mains aimantes et j'attends ma délivrance, au nom de Jésus.

Vendredi 23 mai   **QU'OFFRES-TU À DIEU?**

Lis : Genèse 4: 1-5

La bible en 1 an : Ézéchiel 28-30
    La bible en 2 ans : Psaume 141-142

« Soumettez-vous donc à Dieu » (Jacques 4: 7 BDS).

Donner à Dieu c'est t'offrir à lui. Ce que tu offres à Dieu te représente. Ton offre parle de toi. Un amoureux de Dieu donne le meilleur, comme Abel, tandis qu'un croyant superficiel donne le reste à Dieu comme Caïn.

Caïn a perdu l'occasion d'exceller avec Dieu lorsque son offre a été rejetée. Il a offert à Dieu des légumes au lieu d'un sacrifice de sang comme Abel. Beaucoup de gens veulent servir Dieu à leur façon, sans égard pour ses exigences. Mais Dieu aura toujours son propre chemin. Nous ne pouvons pas le contenir dans notre moule de compromis et de christianisme superficiel. Tu ne peux pas offrir à Dieu deux heures dimanche matin quand il veut toute ta vie. Tu ne peux pas dire à Dieu que tu ne le serviras qu'à la retraite quand il a besoin de toi dans ta jeunesse.

Rendre ministère devant Dieu signifie tout donner. Lorsque tu t'approches de Dieu, il attend un sacrifice de sang de ta part. Dans Lévitique 17:11, on nous dit que la vie d'un être humain est dans le sang. Dieu veut ta vie. Caïn est venu avec des légumes, mais Dieu les a rejetés. Ta vie est en danger lorsque Dieu te rejette ainsi que ton travail. Ami, il est temps que tu réfléchisses à la qualité de ton engagement envers

Dieu. Offres-tu des sacrifices de sang ou des légumes à Dieu? Jacques 4: 7 dit: « *Soumettez-vous donc à Dieu.* » Dieu te veut tout entier afin que tout ce que tu as puisse devenir des atouts pour son royaume. Tu ne peux pas continuer à faire semblant de servir Dieu sans rien faire qui te coûtera. Il ne veut pas de tes restes. Il veut ton meilleur et non le reste. À partir d'aujourd'hui, décide d'aller de plus en plus près de Jésus-Christ. Sois prêt à lui donner tout ce qu'il exige. Tu deviendras une grande bénédiction pour cette génération.

Prions

1. *Père, merci d'avoir offert ton meilleur sur la croix pour me faire devenir le meilleur pour toi.*
2. *Père, pardonne-moi de t'offrir des restes, au nom de Jésus.*
3. *Père, aide-moi à te donner ma vie et mon meilleur, pour ta gloire, au nom de Jésus.*
4. *Abel a donné le meilleur à Dieu, ému par l'amour divin et la révélation; Père, je te prie, remplis mon cœur de ton amour, au nom de Jésus.*
5. *Père, il y a plusieurs postes vacants dans le vignoble; je te prie de déverser ton esprit dans l'église et d'élever de véritables ouvriers pour l'œuvre de l'Évangile, au nom de Jésus.*
6. *Père, apprends-nous à te servir selon tes normes et non les nôtres, au nom de Jésus.*

Samedi 24 mai   **SOIS GENTIL AVEC LES PAUVRES**

Lis : Psaume 41: 1-3

La bible en 1 an : Ézéchiel 31-33
La bible en 2 ans : Psaume 143-144

« Donner aux pauvres revient à prêter au Seigneur, il récompensera cette générosité » (Proverbes 19:17 BFC).

Un cœur généreux est quelque chose de précieux que tu dois préserver avec prudence. Selon Dieu, la pauvreté n'est pas le manque de choses mais l'incapacité de partager le peu que tu as avec ceux qui en ont besoin. Perdre ta générosité, c'est te déconnecter du plan de provision de Dieu. Chaque fois que Dieu te positionne dans un endroit pour donner, il te donne l'occasion de recevoir sa bénédiction.

    Un dimanche, un pauvre homme est venu à Hudson Taylor, qui est devenu plus tard un célèbre missionnaire, pour lui demander de prier pour sa femme désespérément malade. Quand il est arrivé chez eux, Taylor a vu qu'ils n'avaient rien à manger ou pour acheter des médicaments. Avec sa dernière pièce dans sa poche, il s'est agenouillé pour prier pour la femme, résistant à la voix du Saint-Esprit qui lui disait de donner à la famille qui était dans le besoin. Il a décrit plus tard ce qui lui est arrivé: « Mais j'avais à peine ouvert mes lèvres avec le « Notre Père qui est dans le ciel », que ma conscience a dit : « Oses-tu te moquer de Dieu ? Oses-tu t'agenouiller et l'appeler père avec cet argent en poche?

Taylor a donné au pauvre homme sa dernière pièce d'argent, avec laquelle il pouvait acheter de la nourriture et des médicaments pour sa femme malade. Taylor est rentré chez lui avec des poches vides mais un cœur plein. Le lendemain, il a reçu une lettre anonyme par la poste avec de l'argent - quatre fois ce qu'il avait donné la nuit précédente.

La prière nous prépare et nous positionne pour exprimer la générosité. Nous ne devrions jamais dissimuler l'avarice avec la prière. L'apôtre Jacques souligne que nous devons démontrer notre amour et notre foi en Jésus-Christ à travers des œuvres de générosité. Dans le chapitre 2 : 15-16, il dit: *« Si un frère ou une sœur sont nus et manquent de la nourriture de chaque jour, et que l'un d'entre vous leur dise : Allez en paix; chauffez-vous et vous rassasiez ! et que vous ne leur donniez pas ce qui est nécessaire au corps, à quoi cela sert-il? »*

N'ignore pas les pauvres qui viennent à toi avec des besoins. Tu prêtes à Dieu lorsque tu leur donnes. Tu seras sûrement récompensé.

Prions
1. *Père, merci de m'avoir béni avec des bénédictions spirituelles et physiques, au nom de Jésus.*
2. *Père, merci parce que donner aux pauvres investit en toi.*
3. *Père, remplis mon cœur de ton amour et de ta sagesse, et aide-moi à devenir un canal de tes bénédictions aux pauvres, au nom de Jésus.*
4. *Père, montre-moi ceux que j'ai besoin d'aider en cette saison, au nom de Jésus.*
5. *Père, bénis les ministères qui s'occupent des pauvres dans cette nation, au nom de Jésus.*

6. *Père, fais descendre ta pluie sur moi et fais-moi croître financièrement pour prendre soin de ceux qui sont dans le besoin, au nom de Jésus.*

Dimanche 25 mai **DIEU PEUT UTILISER N'IMPORTE QUI**

Lis : Josué 2:1-10

La bible en 1 an : Ézéchiel 34-36
La bible en 2 ans : Psaume 145-146

« Car l'Eternel étend ses regards sur toute la terre, pour soutenir ceux dont le cœur est tout entier à lui » (2 Chroniques 16:9).

Dieu agit de manière mystérieuse pour accomplir ses miracles parmi les hommes. Il peut utiliser toute personne disponible pour faire son travail. Il ne cherche pas les personnes qualifiées, il cherche les personnes disponibles et les qualifie. Il peut t'utiliser si tu te rends disponible dès aujourd'hui. Cesse de penser qu'il n'utilise que certaines personnes en particulier.

Josué connaissait les stratégies de guerre. C'est ainsi qu'il a envoyé secrètement deux soldats pour espionner la ville de Jéricho. Il connaissait l'inconvénient d'envoyer de nombreux soldats, comme on le montre dans Nombres 13:1-14:4. La Bible rapporte que les deux hommes sont entrés dans la maison d'une prostituée (v.1). Un chrétien du XXIe siècle les condamnera pour être entrés dans la maison d'une prostituée. Mais Dieu, qui connaît l'avenir, les a dirigés vers cette ville. Rahab a risqué sa vie pour cacher les espions et les sauver de la mort. Un autre citoyen de Jéricho aurait pu les livrer aux autorités. La maison de Rahab était stratégiquement située sur la muraille, ce qui a facilité leur fuite.

Qui aurait cru que Rahab serait un instrument entre les mains de Dieu pour accomplir ses desseins en facilitant l'entrée d'Israël dans la Terre promise ? L'homme condamne rapidement, mais Dieu sait tout utiliser pour Sa gloire.

Cher ami, Dieu veut t'utiliser. Alors, demande-lui toujours de te guider lorsque tu sors chaque jour. Il peut utiliser n'importe qui autour de toi pour accomplir sa volonté. Aussi, sois disponible à chaque fois qu'il veut t'utiliser pour une tâche. Cesse de te condamner et soumets-toi à la conduite du Saint-Esprit.

Très souvent, Dieu utilise ce qui semble inutile à l'homme pour atteindre son but.

Prions

1. *Père, merci parce que tu peux utiliser n'importe qui et que tu as choisi de m'utiliser.*
2. *Père, je te remets mon cœur ; utilise-moi comme tu le veux à partir d'aujourd'hui, au nom de Jésus.*
3. *Père, positionne-moi pour sauver certaines personnes que Satan a ciblées pour la destruction, au nom de Jésus.*
4. *Père, place des personnes comme Rahab sur mon chemin pour me sauver et me préserver au jour de la détresse, au nom de Jésus.*
5. *Père, ordonne mes pas alors que je sors quotidiennement ce mois-ci, au nom de Jésus.*
6. *Lève la main droite et prie cinq fois : « Flèche de destruction et de mort lancée contre moi, sois détruite par le feu, au nom de Jésus. »*

Lundi 26 mai **LA FOI N'EST PAS TOUJOURS LOGIQUE**

Lis : Hébreux 11:1-16

La bible en 1 an : Ézéchiel 37-39
La bible en 2 ans : Psaumes 147-148

« Et mon juste vivra par la foi ; mais, s'il se retire, mon âme ne prend pas plaisir en lui » (Hébreux 10 :38).

Il faut une foi inébranlable pour plaire à Dieu. Pour marcher par la foi, il faut être conscient du fait que parfois les gens te considéreront comme illogique ou insensé. La foi n'est pas toujours en accord avec la logique humaine. Tu risques de passer à côté de Dieu si tu passes du temps à essayer d'aider les gens à te comprendre au lieu d'obéir promptement à Dieu.

Abraham avait quatre-vingt-dix ans et avait cessé d'avoir des relations intimes avec Sara lorsque Dieu lui a dit qu'il allait avoir un enfant. La possibilité qu'il ait un enfant était nulle, mais il a cru en Dieu de tout son cœur. Dieu s'est réjoui d'Abraham parce qu'il a cru. Dieu se réjouit de ta foi, car « sans la foi, il est impossible de lui « être agréable » (Hébreux 11:6).

En lisant la Bible, on découvre que les gens ont eu l'air stupide lorsqu'ils ont cru en Dieu pour des miracles. Imagine comment les gens ont ridiculisé Noé, qui essayait de construire une arche pour sauver sa famille d'un déluge à une époque où il n'y avait jamais eu de pluie dans le monde. Il a cru parce que Dieu lui avait révélé ce qui allait lui arriver.

Aujourd'hui, certaines personnes se moquent de nous lorsque nous leur disons que Jésus-Christ va revenir pour juger le monde.

Cher ami, ne crains pas de paraître étrange lorsque tu agis par la foi. Après avoir agi et déclaré votre conviction dans les promesses de Dieu, il y aura une manifestation de ses bénédictions dans ta vie. Ceux qui se sont moqués de toi seront couverts de honte. Continue donc à exercer ta foi. Plus tu le fais, plus tu prospères. Ne te préoccupe pas de ceux qui parlent contre toi. Ignore-les et continue à plaire à Dieu avec foi. Tes résultats leur fermeront la bouche.

Prions
1. *Père, merci de pouvoir faire n'importe quoi à partir de rien, au nom de Jésus.*
2. *Père, merci parce que, en Christ, je suis un signe et une merveille, au nom de Jésus.*
3. *Je reçois le baptême du courage pour exercer ma foi, au nom de Jésus.*
4. *Père, fais briller ta lumière et fais-moi voir les grandes choses que tu feras dans ma vie et dans cette génération, au nom de Jésus.*
5. *Père, ouvre mes yeux comme Noé pour que je ne périsse pas avec les méchants, au nom de Jésus.*
6. *Père, utilise-moi pour sauver plusieurs âmes perdues sur le chemin de l'enfer cette année, au nom de Jésus.*

Prières prophétiques de la semaine
1. *Je sais ce que Dieu veut que je fasse de ma vie ; rien ne m'empêchera de faire sa volonté, au nom de Jésus.*

2. *Les défis auxquels je fais face actuellement ne me ruineront pas ; ils me rendront plus fort, au nom de Jésus.*
3. *Je reçois la force et la sagesse divines pour accomplir parfaitement toutes les tâches que j'ai entre les mains cette semaine, au nom de Jésus.*

Mardi 27 mai   **NON AU DÉSHONNEUR !**

Lis : Ésaïe 54:1-17

La bible en 1 an : Ézéchiel 40-42
La bible en 2 ans : Psaumes 149-150

« Ne crains pas, car tu ne seras plus déshonoré, tu ne seras plus humilié » (Esaïe 54 :4).

Satan a un plan diabolique pour te déshonorer. Il veut que tu finisses dans la honte. Mais l'objectif de Dieu à ton égard est que tu le serves et que tu finisses dans la gloire et l'honneur. Il dit : *« Ne crains pas - Tu ne seras plus déshonoré... tu ne seras pas humilié ».*

Satan a des plans à court et à long terme contre ta vie ou ton ministère. Tu dois en être conscient(e) et prier pour l'arrêter. Parfois, Dieu révèle des attaques démoniaques qui se produiront des mois ou des années plus tard pour nous préparer à prier et à rester vigilants.

Dans Luc 22:31-34, Jésus a informé Pierre du plan de Satan visant à le déshonorer en le poussant à renier le Christ. Il le lui a dit dans le but de le préparer à résister à cela. Malheureusement, Pierre, en tant que disciple immature, n'a rien fait à ce sujet. Même à Gethsémané, lorsque Jésus priait, il dormait. Plus tard, Pierre a affronté ceux qui venaient arrêter Jésus avec une épée, contre la volonté de Dieu, et a renié Jésus trois fois en une seule nuit. Le déshonneur est inévitable lorsque tu ne te prépares pas à faire face aux attaques de l'ennemi. Sans l'intercession de Jésus pour Pierre, il aurait fini dans le déshonneur.

Regarde bien autour de toi : tu verras des personnes qui étaient autrefois florissantes sur le plan financier et qui sont aujourd'hui ruinées. Je connais des millionnaires qui sont devenus misérables. Sais-tu que Satan veut que la même chose t'arrive ? Alors, si tu es riche et que tu excelles financièrement aujourd'hui, ne deviens pas négligent(e). Prie pour que Dieu t'établisse et te rende inébranlable. Il n'y a pas de richesse qui ne puisse finir.

Certains ministres de l'Évangile qui étaient très célèbres dans le passé ont été réduits au silence et humilié par le diable. Certains ont été pris dans des affaires scandaleuses, et d'autres sont actuellement en prison. Tu es impliqué(e) dans le ministère ? N'oublie jamais que Satan veut détruire ton ministère.

Humilions-nous aujourd'hui devant le Dieu tout-puissant et implorons-le de nous sauver de du déshonneur satanique.

Prions

1. *Père, merci car la honte n'est pas mon partage en Christ.*
2. *Père, pardonne-moi et purifie-moi pour avoir ouvert une porte à l'esprit de honte dans ma vie, au nom de Jésus.*
3. *Aujourd'hui, je ferme toutes les portes que j'ai ouvertes à l'esprit de honte, au nom de Jésus.*
4. *Père, lève-toi et fais que mes puissants ennemis soient dispersés, au nom de Jésus.*
5. *Père, lève-toi et que toute stratégie ennemie visant à me piéger dans la toile du déshonneur soit dispersée, au nom de Jésus.*
6. *Père, transforme toute honte dans ma vie en honneur et restaure mes années perdues, au nom de Jésus.*

Mercredi 28 mai   **DÉVELOPPE TON ESPRIT**

Lis : 1 Corinthiens 14:1-4

> **La bible en 1 an :** Ézéchiel 43-45
> **La bible en 2 ans :** Colossiens 1-2

« Pour vous, bien-aimés, vous édifiant vous-mêmes sur votre très sainte foi, et en priant par le Saint-Esprit » (Jude v20)

Ta force spirituelle dépend de la puissance de Dieu que tu portes dans ton esprit. Comme une batterie, tu dois charger ton homme intérieur en priant en langues.

Chaque chrétien doit apprendre à passer du temps de qualité — voire des heures — à prier dans l'Esprit, en langues. La Bible dit que tu t'édifies dans la foi lorsque tu pries dans le Saint-Esprit. Prier dans le Saint-Esprit, c'est prier en langues. Je me sens plein d'énergie et renouvelé quand je prie en langues pendant longtemps.

« Pour vous, bien-aimés, en vous édifiant vous-mêmes sur votre très sainte foi, et en priant dans l'Esprit Saint » (Jude v20). Prie en langues pendant une heure chaque jour pendant un mois et observe ce qui arrivera dans ta vie spirituelle. Je te garantis un changement spectaculaire si tu le fais fidèlement. Comme le dit la Bible, tu seras spirituellement fortifié et édifié si tu persistes à prier en langues.

1 Corinthiens 14:4 dit : *« Celui qui parle en langue inconnue s'édifie lui-même ».* La Parole et la prière te permettront de grandir dans l'esprit et de devenir un géant pour le

Royaume de Dieu. Aujourd'hui, beaucoup de personnes sont faibles, immatures et stériles dans la maison de Dieu parce qu'elles ne pratiquent pas les exercices spirituels. Tu ne peux pas te développer spirituellement sans entraîner ton esprit.

Souhaites-tu exercer ton ministère avec des résultats miraculeux ? Veux-tu que ton don touche beaucoup plus de gens ? Je t'ai montré le secret aujourd'hui. Médite la Parole et prie en langues, de manière cohérente et persistante. La puissance de Dieu éclatera puissamment dans ta vie. Maintenant que tu le sais, passe à l'action !

Prions
1. *Père, merci pour le don du Saint-Esprit et pour les dons que j'ai.*
2. *Père, je t'ouvre mon cœur ; remplis-moi à nouveau du Saint-Esprit et donne-moi les dons dont j'ai besoin pour ton œuvre, au nom de Jésus.*
3. *Prie longuement en langues aujourd'hui.*

Jeudi 29 mai **NE GASPILLE PAS**

Lis : Jean 6 : 5-13

> **La bible en 1 an :** Ézéchiel 46-48
> **La bible en 2 ans :** Colossiens 3-4

« Il dit à ses disciples : Ramassez les morceaux qui restent, afin que rien ne se perde » (Jean 6:12)

La frugalité est une clé de la prospérité. Être frugal, c'est être attentif(ve) et prudent(e) avec tes ressources, en évitant les dépenses inutiles et le gaspillage. En tant que chrétien(ne), la frugalité est un moyen efficace de vivre une vie fidèle tout en atteignant tes objectifs. La loi du Royaume est claire : Dieu te donne plus lorsque tu gères bien ce qu'Il t'a déjà confié. *« Celui qui est fidèle dans les moindres choses l'est aussi dans les grandes, et celui qui est injuste dans les moindres choses l'est aussi dans les grandes. » (Luc 16:10)*

Dans l'histoire du repas des cinq mille hommes avec cinq pains et deux poissons, Jésus a démontré la frugalité. Après le repas, il a ordonné à ses disciples de ramasser tous les restes, sans perdre une seule miette. Pourquoi se soucier des miettes alors que Dieu lui a donné en abondance ? Parce que le gaspillage et l'extravagance sont des destructeurs de destinée qu'il ne faut jamais tolérer.

La frugalité est une caractéristique commune chez les millionnaires. Ils « comptent leurs sous ». Ils font tout pour éviter les pertes dues au gaspillage ou au vol. Les pertes peuvent ruiner n'importe quelle entreprise, quelle que soit sa taille. Voici cinq règles de base pour éviter le gaspillage dans ta vie :

1. ***Donne la priorité aux besoins plutôt qu'aux désirs*** : Sois honnête avec toi-même sur ce dont tu as besoin par rapport à ce que tu veux. Certaines choses que tu veux acheter peuvent attendre. N'achète pas une voiture pour impressionner. Investis plutôt ton argent dans la croissance de ton capital. Investis dans l'œuvre de Dieu.

2. ***Vis simplement*** : Évite les luxes inutiles et recherche la simplicité et l'humilité. Souviens-toi : *« C'est, en effet, une grande source de gain que la piété avec le contentement. » (1 Timothée 6:6)*

3. ***Épargne et investis avec sagesse*** : Mets de côté régulièrement et fais travailler ton argent avant de dépenser tes bénéfices.

4. ***Évite les dettes*** : Ne te laisse pas entraîner par des dettes inutiles. Vis selon tes moyens et épargne pour l'avenir.

5. ***Donne généreusement*** : Être frugal, c'est aussi être un bon intendant. Donne généreusement pour soutenir l'œuvre de Dieu et aide ceux qui sont dans le besoin.

Si tu veux accomplir de grandes choses, commence par bien gérer ce que tu as.

Prions

1. *Seigneur Jésus-Christ, merci de m'avoir appris que le gaspillage est destructeur et que tu le détestes.*
2. *Père, pardonne-moi d'avoir gaspillé des ressources et des opportunités, au nom de Jésus.*
3. *Seigneur, délivre mon âme du gaspillage et de l'extravagance, au nom de Jésus.*
4. *Père, remplis mon cœur de l'Esprit de sagesse pour gérer tout ce que tu m'as confié selon ta volonté, au nom de Jésus.*
5. *Père, aide-moi à gagner tout l'argent que je dois gagner, à économiser ce que je dois économiser et à donner ce que je dois donner, au nom de Jésus.*
6. *Père, ouvre mes yeux pour voir les opportunités d'investissement afin d'augmenter mes revenus, au nom de Jésus.*

Vendredi 30 mai **METS TA CONFIANCE EN DIEU**

Lis : Psaume 118:8-14

La bible en 1 an : Colossiens 1-2
La bible en 2 ans : 1 Thessaloniciens 1-2

« Ne vous confiez pas aux grands, aux fils de l'homme, qui ne peuvent sauver » (Psaume 146:3)

La pire erreur que tu puisses commettre, c'est de placer ta confiance en l'homme. Tu risques de compromettre ta destinée et de finir par maudire Dieu. Il m'a fallu du temps pour apprendre que je ne devais mettre ma confiance qu'en Dieu, et non en un être humain. Dieu peut utiliser quelqu'un pour t'aider, mais ne t'appuie pas sur les hommes. N'admire personne au point de croire que ton avenir dépend de lui. Jamais ! J'ai reçu tant de promesses d'aide qui n'ont jamais été tenues… Pourtant, la fidélité de Dieu a toujours été là. Je suis ici aujourd'hui parce qu'il a pris soin de moi. J'apprends à lui faire confiance pleinement.

Parfois, tu es peut-être déçu(e) parce que ceux dont tu attendais de l'aide t'ont abandonné(e). Peut-être certains d'entre eux t'avaient fait des promesses, mais ils n'ont pas tenu parole. Si tu as besoin de l'aide de quelqu'un, retiens bien ceci :

1. Cette personne a peut-être ses propres urgences. AIE PITIÉ D'ELLE.

2. D'autres sont peut-être passés avant toi. Sois PATIENT(E), ton tour arrivera.
3. Elle ne possède peut-être pas ce que tu veux, pour le moment. ATTENDS.
4. Ce n'est peut-être pas la personne que Dieu a choisie pour résoudre ton problème. NE LUI EN VEUX PAS.
5. Elle n'est peut-être pas conduite à t'aider. NE LA MAUDIS PAS.
6. Elle peut t'offrir une partie seulement de ce dont tu as besoin. APPRECIE-LA.
7. Elle peut combler ton besoin. REMERCIE-LA SINCÈREMENT, ET REMERCIE DIEU DE L'AVOIR UTILISÉE.

N'oublie jamais ceci : celui qui ne peut pas t'aider aujourd'hui pourrait le faire demain. Prends la vie du bon côté. Parfois, Dieu te prive de l'aide de certaines personnes parce qu'elle risquerait de te manipuler ensuite. Je connais une dame qui avait reçu un grand soutien financier de la part d'un parent lorsqu'elle devait voyager pour l'étranger. Elle m'a confié, frustrée, que cet homme n'appréciait rien de ce qu'elle lui donnait. Il disait qu'il voulait une voiture en échange de son aide. Pourtant, cette dame ne s'en était même pas encore achetée une. Il vaut mieux parfois persévérer dans le manque que de courir vers une aide qui va te piéger.

Mets ta confiance en Dieu. Il t'aidera à traverser cette épreuve.

Prions
1. *Père, merci d'avoir fidèlement pourvu à tous mes besoins jusqu'à présent.*

2. *Père, merci de ne m'avoir jamais quitté(e) ni abandonné(e), au nom de Jésus.*
3. *Père, pardonne-moi d'avoir mis ma confiance en des hommes et de m'être fâché(e) contre ceux qui ne m'ont pas aidé(e).*
4. *Père, apprends-moi à te faire confiance de tout mon cœur, au nom de Jésus.*
5. *Père, libère ton ange de la percée en ma faveur aujourd'hui pour un témoignage, au nom de Jésus.*
6. *Père, fais que je ne rate pas ceux que tu as choisis pour m'aider, et conduis-moi vers ceux que je dois aider à mon tour, au nom de Jésus.*

Samedi 31 mai **LA DOULEUR PEUT TE RENDRE MEILLEUR OU AMER**

Lis : Genèse 45:1-11

> **La bible en 1 an :** Colossiens 3-4
> **La bible en 2 ans :** (Rattrapage)

« Ainsi, que ceux qui souffrent selon la volonté de Dieu remettent leurs âmes au fidèle Créateur, en faisant ce qui est bien. » (1 Pierre 4:19)

Tu peux te rapprocher de Dieu quand tu traverses une tragédie, un désastre ou une douleur.

Malheureusement, ces épreuves détournent certaines personnes de Dieu, alors qu'Il est le seul à pouvoir les aider. Ami(e), la douleur que tu ressens peut te rendre meilleur ou **amer**. Tout dépend de la manière dont tu choisis d'y répondre. Alors, laisseras-tu cette expérience t'endurcir ou choisiras-tu de te tourner vers Dieu pour qu'elle t'élève et t'affermisse ?

Joseph a souffert entre les mains de ses frères. Ils l'ont détesté, vendu comme esclave, et à cause d'eux, il a traversé des années de tourment. Cette douleur aurait pu faire de lui un homme amer… mais il a choisi une autre voie. Son attitude est restée pieuse et positive. Il a préféré aimer ses frères plutôt que leur rendre le mal. Il leur a dit : *« Maintenant, ne vous affligez pas, et ne soyez pas fâchés de m'avoir vendu pour être conduit ici, car c'est pour vous sauver la vie que Dieu m'a envoyé devant vous » (Genèse 45:5)*. Joseph aurait pu les traiter durement, mais il a choisi de se concentrer sur le plan de Dieu.

Se concentrer sur le plan de Dieu pendant l'épreuve est une étape cruciale pour ta croissance spirituelle. Tu grandis spirituellement lorsque tu passes par des moments difficiles. Ces situations t'étirent intérieurement et font germer en toi le fruit de l'Esprit. Par exemple, tu développes la patience lorsque les choses sont retardées. Tu apprends à aimer quand tu es rejeté(e) ou blessé(e). C'est pourquoi on dit que la douleur peut te faire grandir — si tu choisis de bien y répondre.

Certains chrétiens croient à tort que Dieu ne veut jamais qu'ils souffrent. Les gens pensent à tort que toute souffrance est un signe de manque de foi. Pourtant, 1 Pierre 4:19 dit bien : « *Ainsi, que ceux qui souffrent selon la volonté de Dieu remettent leurs âmes au fidèle créateur, en faisant ce qui est bien.* » Jésus-Christ ne supprime pas toujours la situation sur-le-champ, mais il t'accompagne fidèlement à travers elle. Alors, ce que tu vis aujourd'hui devrait te rapprocher de lui.

Prions
1. *Père, merci pour tes plans glorieux dans ma vie, au nom de Jésus.*
2. *Père, donne-moi la grâce de tirer profit de chaque situation douloureuse qui se présente à moi, au nom de Jésus.*
3. *Père, aide-moi à aimer ceux qui me haïssent et à manifester le fruit du Saint-Esprit dans chaque épreuve, au nom de Jésus.*
4. *Père, retourne à mon avantage tout le mal que les hommes ont prévu contre moi, au nom de Jésus.*
5. *Père, que rien ne m'éloigne de mon héritage, au nom de Jésus.*
6. *Père, fais prospérer abondamment tout ce que tu as remis entre mes mains cette année, au nom de Jésus.*

Dimanche 1er juin **ENTRE AVEC UN CŒUR PUR**

Lis : Jacques 4:7-10

La bible en 1 an : Matthieu 1-4
La bible en 2 ans : 1 Thessaloniciens 3-4

« Heureux ceux qui ont le cœur pur, car ils verront Dieu ! » (Matthieu 5:8).

Pour chercher Dieu et jouir d'une communion intime avec Lui, nous devons nous sanctifier, car *« Sans la sanctification, personne ne verra le Seigneur » (Hébreux 12:14).* La sanctification est indispensable pour se rapprocher de Dieu.

Comme Jésus l'a dit : *« Heureux ceux qui ont le cœur pur, car ils verront Dieu ! » (Matthieu 5:8).* Je ne crois pas que ce verset signifie voir Dieu au ciel lorsque nous mourrons un jour. Jésus parle de voir Dieu maintenant, dans le sens d'entrer dans sa présence dans une relation d'intimité afin que nous puissions connaître son cœur et son esprit.

Que signifie avoir le cœur pur ? « Pur » signifie saint. Jésus dit en outre : « *Heureux ceux qui ont le cœur saint, car ils verront Dieu !* » Le mot « saint » signifie « sanctifier ou mettre à part ». *« Heureux ceux qui ont le cœur [sanctifié ou mis à part], car ils verront Dieu. »* Lorsque tu as le cœur pur, ton esprit est fixé sur Dieu et ses voies. *« Car je suis l'Éternel, votre Dieu ; vous vous sanctifierez, et vous serez saints, car je suis saint » (Lévitique 11:44). « Je suis l'Éternel, qui vous sanctifie » (Lévitique 20:8).*

Peut-être qu'aucun mot ne décrit Dieu mieux que le mot SAINTETE. Dieu dit : « Mettez-vous à part de la même manière que je me suis mis à part; soyez saints, comme je suis saint ». Se consacrer signifie se positionner pour plaire au Seigneur. Lévitique 20:26 dit : « *Vous serez saints pour moi, car je suis saint, moi, l'Éternel; je vous ai séparés des peuples, afin que vous soyez à moi.* » Il t'a sauvé pour vivre pour lui.

La sainteté implique toujours la séparation. Il faut se détacher de quelque chose pour se concentrer sur Dieu. Cela peut te coûter certaines relations et certaines choses que tu chéries tant. C'est le prix que tu dois payer pour marcher avec Dieu. Tu ne peux pas lui plaire en cherchant à plaire aux hommes.

Prions
1. *Père, merci de m'avoir sanctifié par le sang de Jésus-Christ.*
2. *Père, merci de m'avoir adopté dans ta famille à travers le prix que Jésus a payé sur la croix pour moi.*
3. *Père, fais briller ta lumière dans nos cœurs et expose les choses qui nous souillent, au nom de Jésus.*
4. *Père, apprends-moi à marcher devant toi dans la pureté, au nom de Jésus.*
5. *Père, s'il te plaît, ôte de ma vie tout ce qui entrave ma prière, au nom de Jésus.*
6. *Père, délivre-moi du piège qui consiste à vouloir plaire aux hommes plutôt qu'à toi, au nom de Jésus.*

Prières prophétiques de la semaine
1. *Père, je te remercie parce que tu mettras un nouveau chant dans ma bouche pour te louer tous les jours de ce mois, au nom de Jésus.*
2. *Toute coalition satanique contre moi ce mois-ci ne prospérera pas, au nom de Jésus.*

3. *Je suis le vase de Dieu mis à part dans un but spécial ; rien ne me souillera, au nom de Jésus.*

Lundi 2 juin   **MARCHE SELON L'ESPRIT**

Lis : Romains 8:4-5

> **La bible en 1 an :** Matthieu 5-7
> **La bible en 2 ans :** 1 Thes. 5, 2 Thes. 1

« Si nous vivons par l'Esprit, marchons aussi selon l'Esprit » (Galates 5:25).

La vie chrétienne est une vie dans l'Esprit. Les croyants qui opèrent dans la puissance de Dieu savent comment entrer en relation avec le royaume spirituel.

Savais-tu qu'il existe un monde spirituel qui est plus grand que le monde physique où nous vivons ? Ce monde physique est en fait une extension du monde spirituel. La Bible dit : *« Dieu est Esprit, et il faut que ceux qui l'adorent l'adorent en esprit et en vérité » (Jean 4:24).* Cela implique que Dieu a créé toutes choses, et que, par conséquent, il y a une dimension spirituelle à tout ce qu'il a fait. Rien dans l'univers n'existe en dehors de lui.

Dieu a donné à l'homme un corps physique dans lequel il peut vivre tout en existant dans ce monde physique, qui fait partie du monde spirituel. Note que la terre n'est pas séparée du royaume de Dieu dans l'esprit. L'image de Genèse 1:2 le montre clairement : *« La terre était informe et vide : il y avait des ténèbres à la surface de l'abîme, et l'Esprit de Dieu se mouvait au-dessus des eaux. »* Nous voyons ici que L'Esprit de Dieu était déjà là, agissant sur la masse chaotique parce que Dieu se connecte directement à la terre. Beaucoup, parce qu'ils ne comprennent pas le lien entre le royaume spirituel et le monde physique, limitent leur vie au monde physique.

Pour chacun de ceux qui naissent de nouveau, la Bible nous commande de marcher dans l'Esprit. Comment marches-tu dans l'Esprit, comment te connectes-tu et opères-tu dans le domaine spirituel ? (1) C'est marcher quotidiennement à la lumière de la Parole de Dieu. (2) C'est marcher selon les principes du Royaume. (3) C'est prendre conscience que, même si tu vis dans ce monde physique, tu fais partie intégrante du royaume céleste, qui est plus grand que ce monde. Cette conscience t'élèvera au-dessus des éléments, des échecs, des frustrations, des ténèbres et de la corruption de ce monde physique.

La vie est spirituelle, ce qui signifie que nous existons dans deux mondes : le physique et le spirituel. Ne te limite pas au domaine physique simplement parce que tu vis dans un corps. Si tu le fais, tu seras victime de la peur et de l'anxiété. Si tu vis en Christ, alors tu es dans le règne supérieur : *« Celui qui vient d'en haut est au-dessus de tous » (Jean 3:31)*. Lève-toi et exerce ton autorité sur les puissances des ténèbres, des maladies et de toute force interne ou externe opposée qui veut frustrer ta glorieuse destinée.

Sois conscient de qui tu es en Christ !

Prions
1. *Père Tout- puissant, merci de m'avoir donné une place dans ta famille spirituelle.*
2. *Père, merci de m'avoir permis de m'asseoir avec Jésus-Christ dans le domaine spirituel, bien au-dessus des principautés et des puissances.*

3. *Saint-Esprit, aide-moi à être conscient chaque jour de ta présence en moi et avec moi, partout où je vais, au nom de Jésus.*
4. *Père, apprends-moi à marcher chaque jour à la lumière de ta Parole, au nom de Jésus.*
5. *Père, je soumets tous les domaines de ma vie à la puissance de ta Parole. Enseigne-moi les principes du Royaume, au nom de Jésus.*
6. *Je brise tout pouvoir de distraction et de destruction activé par Satan contre moi au nom de Jésus.*

Mardi 3 juin **REÇOIS UN MIRACLE !**

Lis : Marc 4:35-41

La bible en 1 an : Matthieu 8-11
La bible en 2 ans : 2 Thessaloniciens 2-3

« Ainsi parle l'Éternel, qui fraya dans la mer un chemin, et dans les eaux puissantes un sentier » (Ésaïe 43:16).

Fais-tu face actuellement à des défis ? Ne te décourage pas. Ton miracle arrive !

Tout le monde est confronté à des problèmes à un moment de la vie - personne n'est à l'abri de problèmes où que ce soit dans le monde. Mais sache que ce que nous appelons problèmes sont généralement de simples occasions de démontrer la puissance miraculeuse de Dieu. Sais-tu que les problèmes sont des signes avant-coureurs de miracles ? L'histoire de chaque miracle rapporté dans la Bible a commencé comme un problème. Ainsi, les problèmes sont des miracles déguisés.

Nous servons un Dieu qui ne connaît aucune impossibilité et qui se spécialise dans la conversion des problèmes en miracles. Alors que Dieu se prépare à opérer des miracles, certaines personnes découragées choisissent le suicide comme option. D'autres ignorent ou cherchent à noyer leurs problèmes dans la drogue ou l'alcool au lieu de les amener à Dieu pour des solutions permanentes.

Les écrivains et les conférenciers motivateurs nous encouragent à considérer les problèmes comme des défis, remplaçant le mot « handicap » par « défi physique » et « dépendance » par un « grand appétit pour quelque chose ». D'autres sont même allés jusqu'à suggérer que le péché devrait être considéré comme une forme d'erreur humaine. La fornication et l'adultère sont décrits comme le fait de s'amuser.

Bien-aimés, accueille Jésus-Christ dans ta barque aujourd'hui. Avec lui dans ta barque, tu passeras de la tempête au témoignage. Joseph et Daniel sont deux personnages bibliques exceptionnels que Dieu a fait passer des problèmes aux promotions. Tous deux avaient la bonne position devant Dieu et vivaient chaque instant de leur vie pour lui plaire. C'est pourquoi Dieu ne les a pas abandonnés dans leurs épreuves. Il a donné à chacun d'eux une délivrance surnaturelle et a transformé leurs problèmes apparemment insurmontables en opportunités de croissance et d'avancement. Il fera la même chose pour toi. Reçois ton miracle aujourd'hui, au nom de Jésus !

Prions
1. *Père, merci parce que tu es le Dieu des miracles.*
2. *Mon Père, transforme mes problèmes en promotion, au nom de Jésus.*
3. *Par la puissance du sang de Jésus, je triomphe de l'esprit de régression au nom de Jésus.*
4. *Toute conspiration et confédération qui milite contre moi, dispersez-vous au nom de Jésus.*
5. *Vous, anges de promotion et d'élévation, manifestez-vous dans ma vie par le feu, au nom de Jésus.*
6. *Tout pouvoir maléfique assigné pour m'écraser, lâche-moi maintenant, au nom de Jésus.*

Mercredi 4 juin   **DIEU PARLE ENCORE**

Lis : Genèse 28:10-22

La bible en 1 an : Matthieu 12-15
La bible en 2 ans : 1 Timothée 1-2

« Certainement, l'Éternel est en ce lieu, et moi, je ne le savais pas ! » (Genèse 28:16).

À quand remonte la dernière fois que tu as entendu la voix de Dieu distinctement ? Crois-tu que Dieu parle encore à ses enfants aujourd'hui ? Le fait que certaines personnes aient dit : « Le Seigneur m'a dit... » et cela ne s'est jamais produit, a amené certaines personnes à douter et à mépriser la voix de Dieu. Cher(ère) ami(e), Dieu parle toujours et veut te parler directement.

Une nuit, Dieu est apparu à Jacob dans un rêve et lui a dit clairement : « *Voici, je suis avec toi, je te garderai partout où tu iras, et je te ramènerai dans ce pays; car je ne t'abandonnerai point, que je n'aie exécuté ce que je te dis*. Alors Jacob se réveilla et dit : *« Certainement, l'Éternel est en ce lieu, et moi, je ne le savais pas ! »* Et il eut peur, et dit: *« Que ce lieu est redoutable! C'est ici la maison de Dieu, c'est ici la porte des cieux! » (v.15-17)*. C'était la première fois qu'il entendait la voix du Dieu de ses pères. Peut-être as-tu entendu parler de Dieu par d'autres ; à partir d'aujourd'hui, tu l'entendras par toi-même.

Pour entendre la voix de Dieu :
1. ***Désire entendre sa voix :*** tu ne peux pas entendre Dieu si tu n'es pas intéressé à le connaître personnellement.

Jacques 4:8 dit : « *Approchez-vous de Dieu, et il s'approchera de vous.* » As-tu faim d'entendre la voix de Dieu ? C'est la première étape.

2. **Écoute-le :** Ésaïe 28: 23 dit : « *Prêtez l'oreille, et écoutez ma voix! Soyez attentifs, et écoutez ma parole!* » Pour entendre Dieu te parler, tu dois être attentif et écouter. Que se passe-t-il lorsque tu essaies de recevoir un appel téléphonique important dans un environnement bruyant ? Ce n'est pas clair. Pour recevoir le message clairement, tu dois te retirer de la foule bruyante vers un endroit calme. Fais de même pour entendre Dieu. Va dans un endroit tranquille et écoute-le.

3. ***Crois que Dieu te parlera :*** Certaines personnes pensent que Dieu parle à des personnes spéciales. NON! En tant que Père plein d'amour, Il veut parler à tous ses enfants. En tant que parents, nous parlons à tous nos enfants, même aux bébés qui ne peuvent pas parler.

Utilise la Parole écrite pour vérifier la voix. Si les deux sont en accord, obéis immédiatement.

Prions
1. *Père, merci de vouloir toujours me parler, au nom de Jésus.*
2. *Père, aide-moi à surmonter la distraction et à me concentrer sur l'écoute de ta voix, au nom de Jésus.*
3. *Père, je te prie d'enlever tout ce qui bloque ta voix dans ma vie aujourd'hui, au nom de Jésus.*
4. *Père, amplifie ta voix dans ma vie et rends-la plus claire pour moi, au nom de Jésus.*

5. *Père, ouvre les cieux sur ma vie et donne-moi accès aux mystères du Royaume, au nom de Jésus.*
6. *Père, dévoile les secrets liés à ma destinée et à ma famille, au nom de Jésus.*

Jeudi 5 juin   **DIEU T'ÉTABLIRA**

Lis : Psaume 1:1-6

> **La bible en 1 an :** Matthieu 16-19
> **La bible en 2 ans :** 1 Timothée 3-4

« Il est comme un arbre planté près du courant d'eau, qui donne son fruit en sa saison, et dont le feuillage ne se flétrit point : tout ce qu'il fait lui réussit » (Psaume 1:3).

En Christ, Dieu établit ceux qui l'embrassent en Esprit et en vérité. Es-tu ce chrétien qui traverse une saison difficile et qui veut abandonner sa foi en Christ ? Le message d'aujourd'hui s'adresse à toi. Dieu t'établira !

Le premier verset du Psaume 1 nous dit ce que nous ne devons PAS FAIRE. Le deuxième verset nous dit ce que nous DEVONS FAIRE. Le troisième verset nous dit CE QUI SE PASSE LORSQUE NOUS OBÉISSONS aux deux premiers versets. Il est intéressant de noter que le résultat est que nous devenons productifs dans la vie.

Ce mois-ci, nous faisons confiance à Dieu pour nous rendre fructueux et productifs à tous les niveaux. Le passage d'aujourd'hui te montre comment Dieu te rendra productif :

1. ***Il te plantera près des eaux :*** le psalmiste a comparé une vie fructueuse à un arbre planté près d'un courant d'eau. Le terme « courant d'eau » fait référence à un

système d'irrigation. Dans les terres arides de l'Ancien Testament, l'eau était rare, en particulier l'eau des rivières. Pour arroser leurs plantes, les agriculteurs creusaient des puits et créaient des systèmes d'irrigation à partir de ceux-ci. Un arbre planté près d'un système d'irrigation était toujours arrosé, quelle que soit la saison. Tu porteras des fruits quel que soit le climat spirituel, social ou économique, car Dieu te rafraîchira continuellement avec des eaux vives de sa Parole que tu bois quotidiennement.

2. ***Ton feuillage ne flétrira point:*** les feuilles représentent tes activités. Parce que Dieu t'abreuvera continuellement, tu seras fortifié pour faire ce qu'il t'a appelé à faire. Tu ne te lasseras pas et ne dessécheras pas. Lorsque d'autres deviendront faibles et défaillants à cause d'une saison spirituelle, sociale ou économique difficile, tu continueras à profiter de la fraîcheur parce que Dieu t'a établi près d'un courant d'eau.

3. ***Tu porteras des fruits en saison :*** les fruits représentent les résultats. Sans eau, les arbres ne peuvent pas porter de fruits. En continuant à boire quotidiennement de la Parole de Dieu - des eaux vives - tu ne rateras pas ta saison de récolte - les résultats.

4. ***Tu prospèreras dans tout ce que tu fais :*** quand Dieu t'abreuve, tu produis des résultats dans tous les domaines. C'est ce que Dieu fera dans ta vie ce mois-ci.

Pour en faire l'expérience, donne à la Parole de Dieu et à la prière la place centrale qu'elles méritent dans ta vie ce mois-ci.

Prions
1. *Père, merci de me faire entrer dans une saison de productivité, au nom de Jésus.*
2. *Père, alors que je médite ta Parole chaque jour ce mois-ci, sature ma vie de tes eaux vives, au nom de Jésus.*
3. *Père, éloigne de moi tout ce qui produit la stérilité spirituelle, au nom de Jésus.*
4. *Ô Père, arrose-moi d'une manière nouvelle, et laisse-moi porter des fruits abondants dans tous les domaines ce mois-ci, au nom de Jésus.*
5. *Père, emmène-moi à de nouvelles profondeurs dans la compréhension de ta Parole et de ta volonté, au nom de Jésus.*
6. *Père, abreuve le cœur de ceux qui lisent ce livre et ramène beaucoup à ta volonté, au nom de Jésus.*

Vendredi 6 juin **LA PERSÉVÉRANCE DANS TA VISION**

Lis : Hébreux 10:32-39

La bible en 1 an : Matthieu 20-22
La bible en 2 ans : 1 Timothée 5-6

« En sorte que vous ne vous relâchiez point, et que vous imitiez ceux qui, par la foi et la persévérance, héritent des promesses » (Hébreux 6:12).

Souvent, Dieu te donne une vision de l'endroit où Il t'emmène, mais pas de ce que tu traverseras pour y arriver. Tu te demandes pourquoi il devient difficile de réaliser ta vision ? J'ai lu ces principes sur la persévérance dans l'un des livres du Dr Myles Munroe. Réfléchis-y pour raviver ton zèle à poursuivre ta vision avec acharnement.

1) Des obstacles se dresseront contre toi et ta vision. Tu dois être persévérant si tu veux réaliser la vision que Dieu t'a donnée.
2) La fidélité signifie être fidèle à ce que tu as décidé d'accomplir et ne rien laisser t'arrêter.
3) La constance signifie rester ferme ou stable face à la résistance.
4) Le courage est la capacité de se lever face à la peur.
5) La peur est une chose positive lorsqu'elle donne naissance au courage.
6) Ta vision se réalisera malgré les périodes de stress, de déception et de pression.

7) Chaque point de résistance à ta vision vient te rendre plus sage, pas plus faible. Toute opposition vient pour te fortifier, pas pour t'arrêter.
8) Beaucoup perdent parce qu'ils abandonnent quand la vie dit non la première fois, mais les gens persévérants gagnent parce qu'ils n'acceptent jamais un non comme réponse à leurs visions.
9) La persévérance signifie « supporter la pression ».
10) Le caractère est formé par la pression. Le but de la pression est de se débarrasser de ce qui n'est pas de Dieu et de laisser ce qui est de l'or pur.
11) Il n'y a pas d'arrêt à une personne qui comprend que la pression est bonne pour elle parce que la pression est l'une des clés de la persévérance. La vision exige toujours un coût.
12) L'authenticité de chaque vision vraie sera testée.

Prions

1. Père, merci de m'avoir amené là où je suis maintenant, au nom de Jésus.

2. Père, merci parce que tu ne me quitteras pas avant d'avoir terminé la bonne œuvre que tu as commencée dans ma vie, au nom de Jésus.

3. Père, la persévérance brise toujours la résistance. Fais de moi un disciple persévérant dans ma marche avec Toi, au nom de Jésus.

4. Père, donne-moi le cœur qui n'accepte jamais un NON du diable comme réponse, au nom de Jésus.

5. Père, que toute pression que l'ennemi veut m'imposer produise une croissance inédite dans ma vie, au nom de Jésus.

6. Par la grâce de Dieu, je deviendrai tout ce que Dieu m'a appelé à devenir en Christ, au nom de Jésus.

Samedi 7 juin   **LA PLÉNITUDE DU TEMPS**

Lis : Galates 4:1-6

La bible en 1 an : Matthieu 23-25
La bible en 2 ans : 2 Timothée 1-2

« Mais il faut que la patience accomplisse parfaitement son œuvre, afin que vous soyez parfaits et accomplis, sans faillir en rien. » (Jacques 1:4).

Bien qu'il soit important de fixer des délais pour tes objectifs, tu dois également être prêt à réorganiser ces délais pour les adapter au plan de Dieu. Parfois, tes objectifs ne s'alignent pas parfaitement avec le plan de Dieu. Lorsque les enfants d'Israël ont quitté l'Égypte, Dieu les a conduits à travers la mer, puis le désert pendant quarante ans. Le voyage de 300 kilomètres qui leur aurait pris deux semaines a duré 40 ans à cause du plan de Dieu.

Dieu a le timing pour tout. Sois donc assuré que la vision qu'il t'a donnée viendra au moment opportun. Notre texte souligne que Dieu a envoyé Jésus pour être notre Sauveur environ quatre mille ans après la chute de l'homme. Humainement parlant, c'était beaucoup de temps à attendre. Mais Il est venu exactement comme prévu et juste au bon moment. La Bible dit : *« mais, lorsque les temps ont été accomplis, Dieu a envoyé son Fils, né d'une femme, né sous la loi, afin qu'il rachetât ceux qui étaient sous la loi, afin que nous reçussions l'adoption » (Galates 4:4-5).*

Tant que tu peux rêver, il y a de l'espoir. Tant qu'il y a de l'espoir, il y a la vie. Par conséquent, tu dois entretenir ton rêve en attendant patiemment sa réalisation dans la plénitude des temps. Jacques 1:4 dit : *« Mais il faut que la patience accomplisse parfaitement son œuvre, afin que vous soyez parfaits et accomplis, sans faillir en rien »*

D'autres qui nous ont précédés ont vu leur foi mise à l'épreuve, ce qui a produit en eux la patience nécessaire pour gagner la course. Faisons de même. L'auteur de l'épître aux Hébreux l'a exprimé ainsi : *« Nous donc aussi, puisque nous sommes environnés d'une si grande nuée de témoins, rejetons tout fardeau, et le péché qui nous enveloppe si facilement, et courons avec persévérance dans la carrière qui nous est ouverte »* (Hébreux 12:1).

Ta vision se réalisera certainement. Sois patient !

Prions
1. *Père, merci pour tout ce qui a été écrit dans la Bible me concernant, au nom de Jésus.*
2. *Père, merci parce que même si j'ai des projets pour mon avenir, tes plans sont meilleurs.*
3. *Ô Seigneur, aide-moi à discerner tes plans et à y aligner mes objectifs, au nom de Jésus.*
4. *Ô Seigneur, aide-moi à discerner le timing divin dans tout ce que je fais, au nom de Jésus.*
5. *Père, ordonne mes pas et ne permets pas que je m'égare de ton plan, au nom de Jésus.*
6. *Je décrète que je ne manquerai aucun des plans que tu as ordonnés pour moi cette année, au nom de Jésus.*

Dimanche 8 juin   **DEMANDE L'ESPRIT SAINT**

Lis : Luc 11:1-13

> **La bible en 1 an :** Matthieu 26-28
> **La bible en 2 ans :** 2 Timothée 3-4

« Si donc, méchants comme vous l'êtes, vous savez donner de bonnes choses à vos enfants, à combien plus forte raison le Père céleste donnera-t-il le Saint-Esprit à ceux qui le lui demandent » (Luc 11:13).

La vie chrétienne serait un désastre sans la puissance de l'Esprit Saint. Cher enfant de Dieu, ta vie spirituelle est-elle comme un puzzle, qui tombe et se relève ? Si c'est le cas, tu as besoin de la puissance de l'Esprit Saint pour vivre une vie chrétienne victorieuse et fructueuse. Demande à Dieu un nouveau baptême du Saint-Esprit cette semaine, et tu le recevras !

Jésus n'a pas commencé son ministère avant d'avoir reçu la puissance du Saint-Esprit (Luc 4:14). Il a instruit les premiers apôtres et disciples de ne pas s'aventurer dans le ministère sans la puissance du Saint-Esprit. Pour obéir au commandement de Jésus, ils ont risqué leur vie pour attendre à Jérusalem jusqu'à ce qu'ils soient revêtus de la puissance du Saint-Esprit (Luc 24:49 ; Actes 2:1-4). Penses-tu que nous pouvons être des disciples fidèles et des ministres efficaces de l'Évangile à notre époque sans cette puissance divine ?

Pourquoi as-tu absolument besoin du Saint-Esprit ? Tu as besoin de lui en tant qu'aide, enseignant, guide et en tant que ta source de puissance. Sans le Saint-Esprit, tu ne peux rien accomplir de valable dans le Royaume. Que c'est merveilleux de savoir qu'on n'a pas besoin de se débattre ou de s'inciser le corps comme les prophètes de Baal pour recevoir le Saint-Esprit (1 Rois 18) ! Nous n'avons qu'à demander avec foi, et Jésus précise dans notre texte qu'on le recevra (v. 13).

Trois choses m'ont aidé à recevoir le baptême de l'Esprit Saint, la première fois le mercredi 2 décembre 1993. (1) J'avais entièrement abandonné ma vie à Jésus-Christ et je mangeais les Écritures tous les jours. (2) Je lisais et étudiais des livres sur le Saint-Esprit. (3) Je me suis réservé le mercredi pour jeûner et prier pour le baptême du Saint-Esprit. J'avais décidé dans mon cœur que je n'arrêterais de jeûner le mercredi que lorsque j'aurais reçu le baptême du Saint-Esprit. Dieu soit loué, vers midi le deuxième mercredi, les cieux se sont ouverts sur ma vie, et la puissance de l'Esprit Saint est venue sur moi et m'a rempli. Ma vie n'a plus jamais été la même depuis ce jour. Je fais continuellement l'expérience d'effusions nouvelles alors que je cherche Dieu dans la prière et la méditation chaque jour.

As-tu soif du baptême de l'Esprit Saint ? Va devant Dieu aujourd'hui et demande-le-lui ; tu recevras le Saint-Esprit et la puissance.

Prions
1. *Père, je te rends grâce pour l'Esprit Saint que tu as donné à l'Église.*
2. *Père, remplis-moi aujourd'hui de ton Esprit, jusqu'à débordement, au nom de Jésus.*
3. *Pose ta main sur ta tête et prie 7 fois : « Je reçois maintenant le baptême du Saint-Esprit, au nom de Jésus. »*

4. *Père, libère les dons de l'Esprit Saint dont j'ai besoin dans ma vie, au nom de Jésus.*
5. *Demande tous les cadeaux que tu désires et crois que le Dieu généreux te les donnera.*
6. *Pose ta main sur ta tête et prie 7 fois : « Ô manteau de puissance divine, enveloppe-moi maintenant, au nom de Jésus. » Prends le temps de prier en langues si tu sais le faire.*

Lundi 9 juin **RÉPONDS AVEC DOUCEUR**

Lis : 1 Rois 12 : 3-16

La bible en 1 an : Hébreu 1-4
La bible en 2 ans : Tite 1-2

« Une réponse douce calme la fureur, mais une parole dure excite la colère. La langue des sages rend la science aimable, et la bouche des insensés répand la folie. » (Proverbes 15 : 1-2).

Une réponse douce est plus puissante que des paroles dures. Nous gagnons plus facilement les gens lorsque nous leur répondons avec tendresse et clarté, plutôt qu'en criant et menaçant.

Des recherches ont été faites tout récemment à Kenyon College parmi le personnel maritime dans le but d'évaluer comment le ton dans lequel les ordres étaient donnés impactaient les réponses à ces ordres. Cette étude a montré que la manière dont l'ordre avait été donné avait un impact plus important sur les personnes à qui cela s'adressaient que le contenu de l'ordre. Le ton des ordres déterminait la réponse qui en suivait.

Lorsqu'une personne reçoit un ordre avec une voix douce, elle a tendance à répondre avec douceur. Mais lorsque l'ordre est donné en criant, la réponse donnée est aussi perçante. Il est intéressant de noter que les résultats de ces recherches sont avérés indépendamment du fait que la communication soit faite en personne ou au téléphone. Cela n'a rien à voir avec l'expression faciale ou le langage corporel comparé au ton et au volume qui a conduit à la réponse.

Le même principe s'applique dans nos vies, comme nous le voyons dans les Écritures. Lorsque nous parlons aux personnes qui nous entourent avec une voix dure, criarde et dans la colère, nous devons nous attendre à une réponse négative. De ce fait, la sagesse doit nous guider dans la manière dont nous parlons aux gens. Si tu continues d'utiliser des paroles dures, ton serviteur pourra un jour s'en passer des conséquences et t'insultera copieusement avant de quitter le travail.

Si tu dois corriger quelqu'un, cela doit être fait dans l'amour et la gentillesse plutôt qu'avec dureté. La Bible montre que Jésus n'était jamais doux lorsqu'il confrontait le péché ; cependant, les personnes qui l'écoutaient étaient émerveillées par les « paroles gracieuses qui sortaient de sa bouche » (Luc 4 : 22).

Réhoboam a échoué en tant que leader et a perdu le royaume parce qu'il parla avec dureté au peuple. Décide toujours de répondre aux gens avec gentillesse pour sauver ton mariage, ta carrière et ton ministère.

Prions :
1. *Père, merci parce que ta parole guérit et ne blesse pas.*
2. *Père, guéris mon cœur des blessures profondes et remplis-le de l'amour divin, au nom de Jésus Christ.*
3. *Père, pardonne-moi pour avoir blessé autrui et moi-même avec des paroles dures, au nom de Jésus Christ.*
4. *Père, remplis-moi d'humilité et enseigne-moi à parler comme Jésus le fit.*

5. *Père, restaure toute relation que j'ai détruite par des paroles dures, au nom de Jésus Christ.*
6. *Père, aide-moi à traiter tout le monde avec le respect qu'ils méritent de moi, au nom de Jésus Christ.*

Prières prophétiques de la semaine
1. *Père, merci de fortifier mes mains pour renverser les forteresses de mes ennemis, au nom de Jésus Christ.*
2. *L'onction de la faveur de Dieu est sur ma tête ; j'excellerai partout où j'irai, au nom de Jésus.*
3. *Le royaume des ténèbres n'éteindra pas ma lumière. Je brillerai chaque jour, au nom de Jésus Christ.*

Mardi 10 juin   **LA PRIÈRE : LA CLÉ DE LA RESTAURATION**

Lis : Nombres 21 : 4-9

> **La bible en 1 an :** Hébreu 5-7
> **La bible en 2 ans :** Tite 3 ; Philémon

« Le reste du peuple se rendit auprès de Moïse pour lui dire : "Nous avons péché en vous critiquant, le Seigneur et toi ! Supplie donc le Seigneur d'éloigner ces serpents de nous. Moïse se mit à prier le Seigneur en faveur du peuple. » (Nombres 21 : 7 BFC).

La prière est la première clé du rétablissement et de la restauration. Si les choses n'ont pas marché dans ta vie et que tu veux rebondir à nouveau, tu dois impliquer Dieu à travers la prière sincère. La guérison des blessures, la victoire sur les mauvaises habitudes, et les percées commencent à se produire lorsque tu commences à prier avec ferveur. Malheureusement, plusieurs personnes cherchent le rétablissement et la restauration sans impliquer Dieu par le moyen de la prière. Ceci est impossible parce qu'il n'y a pas de changement positif durable sans Dieu.

Après que Dieu ait secouru les Israélites de l'Égypte, leur arrivée dans la Terre promise fut retardée de 40 ans. Ce retard était de leur faute. Ils n'aimaient pas le lieu où ils se trouvaient, et ils n'aimaient pas la nourriture - la manne que Dieu leur avait donnée. La Bible dit, *« Le peuple était très découragé ; il commença à murmurer contre Dieu et à se plaindre contre Moïse » (Nombres 21 : 4-5 traduction littérale de la version TLB).*

Ils auraient dû présenter leurs problèmes à Dieu dans la prière. Mais ils se sont plutôt retournés contre Moïse et Dieu. En conséquence, Dieu envoya des serpents venimeux et plusieurs personnes furent mordues et devinrent malades. Les Israélites savaient que l'unique solution était de demander à Moïse de prier pour eux, et ils le firent. Puis, Dieu donna un plan à Moïse. *« Fais-toi un serpent brûlant, et place-le sur une perche ; quiconque aura été mordu et le regardera, conservera la vie. »* (Nombres 21 : 8). Tous ceux qui regardèrent l'image du serpent furent rétablis de la morsure des serpents.

Dieu est un Dieu de rétablissement. En effet, toute la mission de Jésus était - et est toujours - une mission de recherche et de sauvetage. Luc 19 : 10 dit, *« Car le fils de l'homme est venu chercher et sauver ce qui était perdu. »* Es-tu en train de te débattre avec une crise spirituelle, financière ou maritale au point où il semble que tu t'enfonces chaque jour ? Ami, ce n'est pas fini. Tu peux confronter ta situation comme David. *« J'ai mis tout mon espoir en l'Éternel. Il s'est penché vers moi, il a prêté l'oreille à ma supplication. Il m'a fait remonter du puits de la destruction et du fond de la boue. Il m'a remis debout, les pieds sur un rocher, et a affermi mes pas. »* (Psaume 40 : 1-2 BDS). David était dans une situation difficile, presqu'écrasé par ses ennemis. Mais ses prières à Dieu l'ont sauvé. Dieu te sauvera et te restaurera pendant que tu pries.

Prions
1. *Père, merci parce que tu es le Dieu du rétablissement et de la restauration ; tu me restaureras, au nom de Jésus Christ.*
2. *Ô Dieu miséricordieux, souviens-toi de moi aujourd'hui et sauve-moi de la fosse de la destruction, du désastre et de la mort, au nom de Jésus Christ.*

3. *Père, sans toi je suis fini ; lève-toi et sauve-moi de mes puissants ennemis, au nom de Jésus Christ.*
4. *Père tout-puissant, lève-toi et que les forces des ténèbres mobilisées contre moi soient dispersées, au nom de Jésus Christ.*
5. *Père, que ta main m'élève au-dessus de ma capacité, au nom de Jésus Christ.*
6. *Père, libère l'onction du rétablissement et de la restauration totale dans ma vie, au nom de Jésus-Christ.*

Mercredi 11 juin

L'HUMILITÉ : LA CLÉ POUR DES RELATIONS SAINES

Lis : Philippiens 2 : 1-11

La bible en 1 an : Hébreu 8-10
La bible en 2 ans : Proverbes 1-2

« ...Que l'humilité vous fasse regarder les autres comme étant au-dessus de vous-mêmes... Ayez les sentiments qui étaient en Jésus-Christ, lequel, existant en forme de Dieu, n'a point regardé comme une proie à arracher d'être égal avec Dieu » (Philippiens 2 : 3, 5-6).

L'humilité est la clé pour bâtir et maintenir des relations solides dans la famille et la société. L'orgueil et l'arrogance brisent les relations. Chaque fois que deux personnes se séparent, il y a un élément d'orgueil qui a contribué à cela. Les mariages, les familles et les églises se déchirent à cause de l'esprit d'orgueil. Dieu veut que nous suivions le chemin de l'humilité que Jésus-Christ nous a révélé, celle qui aide à bâtir des relations saines.

Qu'est-ce que « l'humilité ? » C'est lorsque tu honores autrui au-dessus de ta personne au lieu de revendiquer ou de t'accrocher sur tes droits. Philippiens 2 : 3 dit, *« Soyez humbles, regardez les autres comme étant au-dessus de vous-même. »* L'humilité n'est pas un titre ou un sermon ; c'est un style de vie. Il y a des personnes humbles autour de nous en qui l'image de Christ brille continuellement. Nous devons les imiter (1 Corinthiens 11 : 1).

« L'orgueil » te pousse à critiquer, à juger, à faire la concurrence, à être têtu et impitoyable. Proverbes 16 : 18 dit : « *L'arrogance précède la ruine, et l'orgueil précède la chute.* » L'orgueil est aussi auto-trompeur. La plupart des personnes qui sont gouvernées par l'esprit d'orgueil sont inconscientes de cela, mais les personnes qui les entourent peuvent voir les fruits. Quels sont quelques signes de l'orgueil dans une relation ? (1) Tu donnes toujours les conseils mais tu n'en demandes jamais. (2) Tu prouves toujours que tu es fort. Tu n'admets pas tes faiblesses et tes limites. (3) Tu as toujours raison. (4) Tu ne tolères pas les faiblesses des autres. Tu ne peux pas bâtir de relations saines avec une telle attitude.

1 Pierre 3 : 8 illustre comment l'humilité peut enrichir nos relations. « *Vivez en harmonie, soyez sympathiques, aimez-vous les uns les autres, ayez de la compassion, et soyez humbles* » *(Traduit de la version GW).* L'humilité est l'élément essentiel pour vivre dans l'harmonie, l'amour, la compassion et la sympathie. Tu deviens plus humble lorsque tu passes du temps avec une personne humble. Veux-tu grandir dans l'humilité ? Passe du temps avec Jésus Christ dans sa parole et dans la prière.

Prions
1. *Père, merci de m'avoir donné Jésus Christ comme modèle à suivre chaque jour.*
2. *Père, j'admets mon orgueil et t'apporte mon cœur pour que tu le guérisses, au nom de Jésus Christ.*
3. *Père, enseigne-moi à valoriser et à traiter les autres tels qu'ils le méritent, au nom de Jésus-Christ.*
4. *Père, expose l'esprit d'orgueil dans ma vie et aide-moi à traiter cela, au nom de Jésus-Christ.*

5. Père, enseigne-moi comment élever les autres au-dessus de moi-même et à les célébrer, au nom de Jésus-Christ.
6. Père, restaure-moi tout ce que j'ai perdu à cause de l'orgueil, au nom de Jésus-Christ.

Jeudi 12 juin **DEMANDE LA DIRECTION DIVINE**

Lis : Proverbes 3 : 5-6

La bible en 1 an : Hébreu 11-13
La bible en 2 ans : Proverbes 3-4

« Recommande ton sort à l'ÉTERNEL, mets en lui ta confiance, et il agira. » (Psaumes 37 : 5).

Pour jouir de la direction divine, tu dois inclure Dieu dans TOUT CE QUE TU FAIS. Tu dois conditionner ton cœur à accepter et à se soumettre à sa suggestion concernant chaque pas que tu fais, que tu l'aimes ou pas.

La direction divine est un atout indispensable pour toi en tant qu'enfant de Dieu. Ceci parce qu'entendre Dieu augmente la vitesse et la précision dans la vie. La lumière est la clé du vol. Ne pas écouter Dieu c'est marcher dans les ténèbres spirituelles, ce qui conduit au retard, à la déviation, et à la destruction. Le fils prodige a cherché l'indépendance de son père et s'est éloigné de sa voix. Il a tout perdu parce qu'il n'avait plus accès aux instructions de son père et à sa voix qui le guidait. (Voir Luc 15).

La posture spirituelle qui rehausse l'écoute ou la réception de Dieu est de soumettre tes pas ou ton sort à l'Éternel. Le Psalmiste a dit, *« Recommande tout ce que tu fais à l'Éternel, aie confiance qu'il t'aidera, et il agira. » (Psaumes 37 :5 TLB)*. Ne fais pas confiance à ton cerveau ou à tes amis pour te donner la meilleure direction. La sagesse humaine est limitée.

Notre texte dit, DANS TOUT CE QUE TU FAIS, RECONNAIS DIEU, et il dirigera tes pas. Ceci signifie que tu ne dois pas faire de pas important ou prendre des décisions cruciales dans la vie sans consulter Dieu pour la direction. Ne prends pas des décisions importantes d'affaires, de mariage, de carrière ou de relocalisation sans chercher la volonté de Dieu. De nos jours, je vois des jeunes hommes faire des propositions aux femmes chrétiennes en public, s'attendant à recevoir un « oui » sur le champ. Je continue de me demander, « quand est-ce que la fille a consulté Dieu avant d'accepter d'épouser le frère ? » Le mariage n'est pas quelque chose à prendre à la légère.

Si tu as une affaire ou une décision sérieuse à prendre, va dans ton lieu secret de prière et dialogue avec Dieu à ce sujet (Ésaïe 1 : 18). S'il te donne le feu vert, vas-y ; mais si tu n'as pas de paix dans ton cœur, sois prudent - ne bouge pas. Dieu ne bénira pas le projet si tu vas contre sa volonté. Soumets tes pas à Dieu ; il te dirigera.

Prions
1. *Père, je t'adore, mon rocher, mon défenseur, et mon berger.*
2. *Je remets mes voies et mes plans entre tes mains ; guide-moi à partir d'aujourd'hui, au nom de Jésus Christ.*
3. *Père, délivre mon âme du piège de l'autosuffisance au nom de Jésus Christ.*
4. *Père, instruis-moi, enseigne-moi, et dirige-moi sur la voie que je dois suivre, au nom de Jésus.*
5. *Père, relâche ta puissance sur moi, et que mes canaux de révélations s'ouvrent, au nom de Jésus Christ.*
6. *Père, que l'intégrité garde mon cœur et me préserve de la perversité, au nom de Jésus Christ.*

Vendredi 13 juin   **CE N'EST PAS ENCORE LE TEMPS DE MOURIR !**

Lis : Exode 23 : 23-26

> **La bible en 1 an :** Nombres 1-3
> **La bible en 2 ans :** Proverbes 5-6

« ... Je remplirai le nombre de tes jours » (Exode 23 : 26b).

L'une des plus grandes menaces de Satan contre nous est, « tu vas mourir ! » J'ai reçu plusieurs personnes qui m'ont dit : « Pasteur, j'ai rêvé et je vous ai vu mort. » Certaines de ces personnes sont dans la tombe aujourd'hui, mais je suis toujours vivant, prêchant l'évangile. Écoute, tu ne mourras pas maintenant ! Ce n'est pas encore ton temps de partir.

Dieu t'a assigné un nombre de jours à vivre sur cette terre, cela est appelé « ton espérance de vie totale. » Le roi David eut une a révélation de cela et a dit : « ... *Et sur ton livre étaient inscrits les jours qui m'étaient destinés, avant qu'aucun d'eux existât.* » *(Psaume 139 : 16).* La mort prématurée signifie mourir avant les jours que Dieu t'a assignés. Jésus Christ a dit : « *Voici, je viens (dans le Rouleau du livre il est question de moi) pour faire, Ô Dieu, ta volonté.* » *(Hébreux 10 : 7).* Il mourut à trente-trois ans et demi. Peut-on dire qu'il est mort de manière prématurée ? Non. Il est mort après avoir accompli sa destinée. Alors, aucune puissance n'a la permission d'écourter ta vie jusqu'à ce que tu accomplisses ta destinée, au nom de Jésus Christ.

La Bible clarifie que Dieu, par sa souveraineté, a le dernier mot concernant la durée de ta vie - soit pour l'abréger ou pour la prolonger. David, qui a échappé à la mort prématurée, a dit plusieurs fois, « *L'Éternel m'a châtié, mais il ne m'a pas livré à la mort.* » *(Psaume 118 : 18)*. Peu importe ce que tu traverses, la mort peut s'emparer de toi uniquement lorsque Dieu te livre. La mort est impuissante contre toi jusqu'à ce que Dieu le fasse. Apprends à prier comme David, « *Mon Dieu ne m'enlève pas au milieu de mes jours, toi, dont les années durent éternellement.* » *(Psaumes 102 : 25)*.

Tu as un rôle important à jouer dans l'accomplissement de tes jours. La Bible dit : « *La crainte de l'Éternel augmente les jours, mais les années des méchants sont abrégées.* » *(Proverbes 10 : 27)*. Le péché écourte les jours. Je connais beaucoup de jeunes gens qui sont mort prématurément à cause d'une vie irréfléchie. Il y a des années de cela, un ami ivre tomba d'un pont et se noya dans une rivière. La parole de l'Éternel peut préserver les vies des personnes qui s'y accrochent. « *Mon fils, n'oublie pas mes enseignements, et que ton cœur garde mes préceptes ; car ils prolongeront les jours et les années de ta vie, et ils augmenteront ta paix.* » *(Proverbes 3 : 1-2)*.

Jésus est mort jeune afin que tu vives longtemps !

Prions

1. *Père, merci pour le don de la vie éternelle et de la santé divine dans ma vie.*
2. *Tout joug d'une mauvaise habitude quelconque qui œuvre contre ma santé, sois exposé et brisé au nom de Jésus Christ.*
3. *Père, accorde-moi la grâce de contrôler mon appétit et maintenir désormais une bonne santé dès maintenant au nom de Jésus Christ.*

4. *Que tout poison de mort œuvrant contre ma vie meurt au nom de Jésus Christ.*
5. *Toi puissance de mort et de destruction relâchée et programmée contre moi en cette année, disperse-toi au nom de Jésus Christ.*
6. *Feu de Dieu, descends et consume tous les agents des ténèbres, dans cette nation, qui prospèrent en versant le sang des innocents, au nom puissant de Jésus Christ.*

Samedi 14 juin   **LES CLÉS POUR ACCÉDER À LA LUMIÈRE DIVINE**

Lis : 1 Corinthiens 2 : 9-12

La bible en 1 an : Exode 14-17
La bible en 2 ans : Proverbes 7-8

« Ce sont des choses que l'œil n'a point vues, que l'oreille n'a point entendues, et qui ne sont point montées au cœur de l'homme, des choses que Dieu a préparés pour ceux qui l'aiment. » (1 Corinthiens 2 : 9).

Les amoureux de Dieu jouissent de la lumière divine. La lumière est indispensable pour l'accomplissement de ta destinée. Il a été établi que tu ne peux pas devenir ce que Dieu veut que tu sois sans révélation. Proverbes 29 : 18 dit : *« Quand il n'y a pas de révélation, le peuple est sans frein »* En d'autres termes, « Là où la révélation divine manque, le peuple viole les règles et vit n'importe comment. » Le résultat d'une vie errante ou sans but c'est toujours la régression et les regrets.

Quelles sont les clés pour accéder à la lumière ?

1. ***L'amour de Dieu :*** 1 Corinthiens 2 : 9 dit, *« Ce sont des choses que l'œil n'a point vues, que l'oreille n'a point entendues, et qui ne sont point montées au cœur de l'homme, des choses que Dieu a préparés pour ceux qui l'aiment. »* Les amoureux de Dieu jouissent de la lumière divine. Ton affection pour Dieu est exprimée dans le temps que tu passes avec lui et les

sacrifices que tu fais pour lui. Ami, si tu aimes Dieu de manière authentique, tu le sais, les gens le savent, et le diable aussi le sait. Toute chose qui tue ta passion pour Dieu empoisonne ta vie spirituelle. Peux-tu être décrit comme un amoureux de Dieu ?

2. ***Une soif intense pour la lumière :*** Osée 6 : 3 dit : « *Connaissons, cherchons à connaître l'Éternel ; sa venue est aussi certaine que celle de l'aurore. Il viendra pour nous comme la pluie, comme la pluie du printemps qui arrose la terre.* » Une soif intense est le secret pour accéder à la lumière divine. Aussi longtemps que tu as soif de connaissance, tu chercheras. Et lorsque tu chercheras, tu trouveras. Tu peux, par exemple, ressentir une soif pressante de connaître les clés du succès dans le ministère, le salut des âmes, les finances, la santé, la réussite professionnelle, etc. Cette soif te poussera à prier, à lire et à chercher avec intensité jusqu'à ce que la lumière de Dieu t'éclaire et t'ouvre l'intelligence. Malheureusement, certaines personnes souhaitent juste que leur condition change et ne font rien pour produire le changement.

Cher ami, es-tu un amoureux de Dieu ? As-tu soif de le connaître et de connaître ses voies ? Ton amour pour Dieu et ta soif pour la lumière divine ouvriront la porte de la révélation dans ta vie. La révélation t'amènera dans le domaine des grandes possibilités, au nom de Jésus Christ.

Prions
1. *Père, merci parce que tu as une réponse à toute question et une solution à tout problème, au nom de Jésus.*

2. Ô Père, merci parce que les choses qui sont difficiles pour moi sont faciles pour toi ; tu m'aideras, au nom de Jésus Christ.
3. Ô Père de lumière, fais briller ta lumière sur moi et permets que ma destinée soit illuminée, au nom de Jésus Christ.
4. Père, lève-toi et change toutes ténèbres en lumière dans tout domaine de ma vie, au nom de Jésus Christ.
5. Père, il y a des vérités que je dois connaître cette année pour passer au niveau supérieur ; aide-moi à y accéder, au nom de Jésus Christ.
6. Ô Dieu de révélation, en cette saison, viens comme la pluie et change-nous, au nom de Jésus Christ.

Dimanche 15 juin **COMPRENDRE LA GRÂCE ET LES OEUVRES**

Lis : Éphésiens 2 : 8-10

La bible en 1 an : Exode 18-20
La bible en 2 ans : Proverbes 9-10

« Selon qu'il est écrit : il n'y a point de juste, pas même un seul ; » (Romains 3 : 10).

La Bible clarifie de manière explicite que nos œuvres ne nous sauvent pas. Nous n'allons pas au ciel à cause de nos bonnes œuvres, et nous ne sommes pas sauvés de l'enfer à cause des bonnes œuvres. Nous sommes sauvés par la grâce par le moyen de la foi en Jésus Christ (v. 8).

Notre salut vient du Seigneur. Ami, tu ne peux rien faire pour gagner ou mériter cela. Tu ne peux pas être assez bon pour être qualifié pour le paradis. Lorsque nous sortons souvent évangéliser, nous rencontrons des personnes qui nous disent, « Je suis une bonne personne. Je n'ai fait aucun mal, je n'ai tué personne. » Pour ces personnes, c'est tuer qui est un péché. Nous sommes des pécheurs parce que nous avons été contaminés par le péché d'Adam (Romains 3 : 23, 5 : 12). Tes œuvres ne peuvent jamais te qualifier pour le paradis. Ésaïe 64 : 5 dit, *« Nous sommes comme des impurs, et toute notre justice est comme un vêtement souillé ; nous sommes tous flétris comme une feuille, et nos crimes nous emportent comme le vent. »*

Mais remarque qu'Éphésiens 2 : 8-9, qui parle du fait que le « salut ne s'obtient pas par les œuvres, » dit que nous avons été « créés pour pratiquer de bonnes œuvres. » Ceci signifie qu'après que nous soyons sauvés, nous sommes censés commencer à faire les bonnes œuvres que Christ a préparées pour nous. Plusieurs chrétiens qui sont ignorants de cette vérité ne sont pas impliqués dans l'œuvre de Dieu parce qu'ils pensent qu'ils sont sauvés par la grâce et non par les œuvres. Ils croient que tout ce qu'ils ont à faire est de s'asseoir, se détendre et jouir d'un doux voyage pour le paradis.

Cher ami, sais-tu que le jour où tu rencontreras Jésus Christ, il te demandera, « As-tu fais les choses que je t'ai demandé de faire ? » « As-tu pratiqué les bonnes œuvres pour lesquelles je t'ai créé ? » Le temps est court. Alors, profite de chaque opportunité maintenant et fais l'œuvre de Dieu. Lorsque tu mourras, tout ce que tu bâtis maintenant pour toi-même ne comptera pas devant Dieu. Œuvre pour Dieu !

Prions
1. *Père, merci de m'avoir sauvé de l'enfer et de la destruction par ta grâce.*
2. *Père, tu m'as sauvé pour un but ; aide-moi à le comprendre clairement, au nom de Jésus Christ.*
3. *Père, certaines personnes ont besoin d'être sauvées à travers mon œuvre ; donne-moi la grâce d'œuvrer pour les âmes, au nom de Jésus Christ.*
4. *Père, s'il-te-plaît touche les cœurs des membres de ma famille qui ne sont pas encore sauvés et conduis-les à Jésus Christ.*
5. *Père, que la grâce de te servir descende en abondance sur toutes les personnes qui lisent ce livre aujourd'hui, au nom de Jésus Christ.*

6. *Père, répands ton esprit et appelle des missionnaires à porter l'évangile aux peuples non atteints du Cameroun et du monde entier, au nom de Jésus Christ.*

Lundi 16 juin   **LA DESTINÉE EXIGE LA DILIGENCE**

Lis : Luc 18 : 1-8

La bible en 1 an : Exode 21-24
La bible en 2 ans : Proverbes 11-12

« C'est ainsi que nous poursuivions l'ouvrage, la moitié d'entre nous la lance à la main depuis le lever de l'aurore jusqu'à l'apparition des étoiles » (Néhémie 4 : 21).

Ta destinée exige une diligence farouche pour s'accomplir. Sans diligence, il y a des niveaux que tu ne pourras jamais atteindre dans cette vie. Mon ami(e), si tu abandonnes dès les premiers défis et obstacles, tu ne connaîtras jamais la victoire.

La persévérance c'est résister à toute opposition et avancer par la foi - en comptant sur Dieu. Néhémie aurait pu arrêter la reconstruction du mur de Jérusalem à cause de tous les problèmes, les calomnies et les railleries, mais il est resté persévérant. Il était déterminé à aller jusqu'au bout de la mission que Dieu lui avait confiée. Tu n'accompliras jamais ta vision à moins que tu ne cultives l'esprit de persévérance.

La persévérance, c'est le fait de poursuivre ce que tu vises sans relâche. Tu tiens ferme face à la résistance jusqu'à l'user, jusqu'à ce qu'elle cède. Tu fais en sorte que ceux qui te combattent se fatiguent à force de lutter contre toi — au point de te laisser tranquille ou même de devenir tes alliés. Mon ami (e), je suis convaincu que tu veux voir s'accomplir ce que Dieu a mis dans ton cœur ; et tu ne t'arrêteras pas tant que tu ne l'auras pas atteint.

À quel point es-tu prêt à te battre pour voir ta vision se matérialiser ? Jésus a raconté une parabole dans Luc 18 à propos d'une femme persévérante. Elle revenait sans cesse vers le juge, réclamant justice, jusqu'à ce qu'il dise :, *« Faites-lui justice ! » (Voir Luc 18 : 2-8.)* Dieu voudrait que tu fasses pareil. Il veut que tu revendiques ce qu'il t'a donné en Christ. Dis à la vie : « Ceci m'appartient. » Si elle refuse, retourne dire la même chose chaque jour jusqu'à ce qu'elle te dise finalement, « Tiens, prends-le ! »

Beaucoup de personnes perdent parce qu'elles abandonnent lorsque la vie dit non la première fois, mais les personnes persévérantes gagnent parce qu'elles refusent d'abandonner. Elles n'acceptent jamais non comme réponse jusqu'à ce qu'elles voient leur vision s'accomplir.

As-tu une vision ? Tu feras sans doute face aux oppositions à certains moments. N'abandonne pas. Continue d'avancer jusqu'à ce que ton rêve devienne réalité.

Prions

1. Père, merci parce que tu ne m'abandonneras jamais jusqu'à ce que tu m'aies aidé à accomplir ma vision divine.

2. Père, pardonne-moi pour avoir succombé à la peur et pour avoir été tenté d'abandonner ma vision.

3. Père, baptise mon cœur avec une résilience invincible pour persister dans ma vision, au nom de Jésus Christ.

4. Père, lève-toi et que les Sanballats et Tobijas qui combattent ma vision soient dispersés, au nom de Jésus Christ.

5. Père, donne-moi la grâce d'achever toute bonne œuvre que j'ai commencé, au nom de Jésus-Christ.

6. *Père, ouvre mes yeux afin que je voie au-delà des défis que je rencontre concernant ma vision maintenant, au nom de Jésus Christ.*

Prières prophétiques de la semaine
1. *Père, merci parce tu es le juste juge. Mon cas sera résolu ce mois, au nom de Jésus Christ.*
2. *Le feu de Dieu brûle dans ma vie ; je suis en sécurité, au nom puissant de Jésus Christ.*
3. *Pensées d'échec, de déception, d'incrédulité, de rêves étranges et de peur, vous n'avez plus aucune puissance sur mon esprit, au nom de Jésus Christ.*

Mardi 17 juin   **TU ES UN GUERRIER**

Lis : 2 Timothée 2 :1-4

> **La bible en 1 an :** Exode 25-27
> **La bible en 2 ans :** Proverbes 13-14

« Ils l'ont vaincu [Satan] à cause du sang de l'agneau et à cause de la parole de leur témoignage » (Apocalypse 12 :11).

Nous savons que nous sommes des guerriers parce que la Bible nous appelle ainsi (2 Timothée 2 :3). Bien-aimé(e) en Christ, tu es un(e) guerrier(e) spirituel(le). Tu fais partie de l'armée conquérante de Dieu sur la terre en ce moment.

Éphésiens 6 :12 nous décrit comme des personnes qui « luttent », parce que nous sommes constamment impliqués dans des conflits spirituels avec les forces des ténèbres. Si Dieu ne voulait pas que tu luttes, il aurait éliminé le diable et tous les démons. Notre verset clé dit : *« ils l'ont vaincu [Satan] à cause du sang de l'agneau et à cause de la parole de leur témoignage » (Apocalypse 12 :11).* Certaines personnes n'ont pas de témoignage de leur victoire sur les forces sataniques. Elles te diront « je suis passé par le feu et il m'a brûlé. Je suis passé par les eaux et j'ai failli me noyer ». D'autres te diront qu'elles n'ont jamais senti le diable. Tu ne peux pas vivre dans la droiture pour Dieu et ne pas être confronté par le diable. Bien que l'apôtre Paul était un serviteur de Dieu dévoué et consacré, il a été confronté à plusieurs attaques spirituelles. Dans 1 Thessaloniciens 2 :18 il affirme : *« aussi voulions-nous aller vers vous, du moins moi Paul, une et même deux fois ; mais Satan nous en a empêchés ».*

Les combats contre le royaume des ténèbres peuvent parfois être très rudes, mais Dieu promet de rester avec nous tout au long. Jésus dit : *« je suis avec vous tous les jours, jusqu'à la fin du monde » (Matthieu 28 :20). « Qui nous séparera de l'amour de Christ ? Sera-ce la tribulation, ou l'angoisse, ou la persécution, ou la faim, ou la nudité, ou le péril, ou l'épée ? ... Mais dans toutes ces choses nous sommes plus que vainqueurs par celui qui nous a aimés [et nous a appelés et donné des visions] » (Romains 8 :35, 37).* Tu es l'investissement de Dieu et rien ne peut éteindre sa lumière en toi. Es-tu confronté à des combats en ce moment ? Tu en sortiras avec de grands témoignages.

Prions
1. *Père, merci pour la lumière de ton esprit en moi, au nom de Jésus.*
2. *Père, merci de m'avoir équipé pour vivre en soldat de la croix, au nom de Jésus.*
3. *Père, renouvelle mes forces pour lutter et gagner toute bataille à laquelle je serai confronté cette année, au nom de Jésus.*
4. *Père, accorde-moi la victoire sur mes ennemis aujourd'hui, au nom de Jésus.*
5. *Père, s'il te plait fais que tous les défis auxquels je serai confronté en cette année me rendent fort pour toi, au nom de Jésus.*
6. *Père, lève-toi dans ma vie et que toute puissance satanique qui se dresse contre mon émergence soit submergée, au nom de Jésus.*

Mercredi 18 juin **COMMENT POSSÉDER UNE PROMESSE**

Lis : Romains 4 17-21

> **La bible en 1 an :** Exode 28-31
> **La bible en 2 ans :** Proverbes 15-16

« Car vous avez besoin de persévérance, afin qu'après avoir accompli la volonté de Dieu, vous obteniez ce qui vous est promis » (Hébreux 10 :36).

Dieu n'a jamais manqué d'accomplir ses promesses parce qu'il a tout ce qu'il faut pour faire ce qu'il a dit qu'il fera. *« De toutes les belles paroles qu'il avait prononcées par Moïse, son serviteur, aucune n'est restée sans effet » (1 Rois 8 :56).* Tu peux lui faire confiance pour ce qui est des promesses qu'il t'a faites. Il ne sera pas menteur dans ta situation. Fais ce qui suit pour entrer en possession de ta promesse :

1. *Personnalise la promesse :* Dieu nous donne des promesses divines de diverses manières. Ça peut être par des visions, la parole écrite ou la voix du Saint-Esprit dans le cœur. Quand tu personnalises la parole et qu'elle devient chair en toi, le Saint-Esprit la fait se matérialiser dans ta vie. Pour personnaliser la parole, tu dois la lire en intercédant ; médite-la et confesse-la de manière répétée jusqu'à ce qu'elle s'enracine dans ton esprit.

2. ***Exerce la foi :*** Dieu a accompli la promesse d'Isaac parce qu'Abraham avait une grande foi malgré les facteurs décourageants qui entouraient la promesse. *« Et, sans faiblir dans la foi, il ne considéra point que son corps était déjà usé, puisqu'il avait près de cent ans, et que Sara n'était plus en état d'avoir des enfants. Il ne douta point, par incrédulité, au sujet de la promesse de Dieu ; mais il fut fortifié par la foi, donnant gloire à Dieu » (Romains 4 :19).* La Bible affirme *« il fut fortifié par la foi »*. Si ta foi n'est pas forte, tu pourrais ne jamais entrer en possession de ta promesse. Alors, fortifie ta foi en lisant des livres et en écoutant les messages qui bâtissent la foi.

3. ***Glorifie Dieu :*** La Bible déclare au sujet d'Abraham : *« donnant gloire à Dieu »*. Peux-tu commencer à louer et adorer Dieu maintenant au sujet de la promesse qu'il t'a faite même si elle ne s'est pas encore matérialisée ? Tu peux le faire parce que tu es convaincu qu'il ne ment jamais.

Les promesses de Dieu dans ta vie ne manqueront pas de s'accomplir, au nom de Jésus. Continue d'attendre dans la foi et non dans la peur. Souviens-toi, attendre ne signifie pas perdre le temps. Une foi qui n'est pas éprouvée est fausse. Dieu va intervenir au bon moment. Quand il le fera, ton problème deviendra un témoignage.

Prions
1. *Père, je te remercie pour ce jour et pour toutes tes bonnes promesses pour moi, au nom de Jésus.*
2. *Père, purifie-moi de tout esprit de doute et d'incrédulité, au nom de Jésus.*

3. *Père, baptise-moi de l'esprit de foi et ouvre mes yeux pour voir les bonnes choses que tu as préparées pour mon avenir.*
4. *Je lie et je chasse de ma vie tout esprit de peur du futur, au nom de Jésus.*
5. *Père, s'il te plaît, ne me laisse pas mourir sans voir mon Isaac, au nom de Jésus.*
6. *Père, je te célèbre pour la victoire dans ma vie, au nom de Jésus.*

Jeudi 19 juin **LES CLÉS POUR DOMINER SUR L'IMMORALITÉ**

Lis : 1 Corinthiens 6 :12-20

La bible en 1 an : Exode 32-34
La bible en 2 ans : Proverbes 17-18

« Fuyez l'impudicité. Quelque autre péché qu'un homme commette, ce péché est hors du corps ; Mais celui qui se livre à l'impudicité pèche contre son propre corps » (1 Corinthiens 6 :18).

La « pulsion sexuelle » est une flamme que Dieu a mise en nous afin d'améliorer la connexion et renforcer les liens dans un mariage. Par conséquent, l'union sexuelle dans le cadre du mariage est l'usage légitime de cette flamme pour le but auquel Dieu l'a assignée. Tout acte d'immoralité sexuelle est un abus de l'ordre divin. Les personnes qui le font se brûlent et laissent en elles des cicatrices à long terme. Ce peut être des maladies vénériennes, un enfant né hors mariage ou des souvenirs d'une relation qui reste à vie. La perversion sexuelle ne détruit pas seulement les acteurs, mais elle pollue la société en général.

Ce que tu dois savoir au sujet « des pulsions sexuelles » est qu'elles peuvent être contrôlées comme on le fait avec le feu dans nos maisons. Plusieurs familles utilisent le feu sans pour autant incendier la maison parce qu'elles ont appris à contrôler cela, non pour la destruction, mais pour en tirer profit.

Comment peux-tu dominer tes pulsions sexuelles afin de vivre une vie moralement pure devant le Seigneur ? Notre texte propose quatre règles qui peuvent nous aider :

1. ***Savoir que tu n'as pas été créé pour l'immoralité :*** ton corps n'est pas destiné à être esclave aux pratiques et aux désirs immoraux. *« Mais le corps n'est pas pour l'impudicité. Il est pour le Seigneur, et le Seigneur pour le corps » (v.13)*. Ceci implique que tu n'es pas obligé de pécher à cause des pulsions sexuelles qui sont en toi. Tu as la possibilité de dire non si tu veux.

2. ***Savoir que la puissance de la résurrection agit en toi :*** la puissance de résurrection habite en tout chrétien né de nouveau, et cette force est plus puissante que la flamme du désir. Tu dois être conscient de cette vérité pour pouvoir dominer sur l'immoralité. *« Et Dieu, qui a ressuscité le Seigneur, nous ressuscitera aussi par sa puissance » (v.14)*. Attends-toi à surmonter la tentation sexuelle chaque fois qu'elle se présentera.

3. ***Être conscient que tu es le corps de Christ :*** Il a racheté ton corps pour lui-même. Être conscient que ton corps appartient à Christ et qu'il doit être gardé pur t'épargnera de l'immoralité. *« Ne savez-vous pas que votre corps est le temple du Saint-Esprit qui est en vous, que vous avez reçu de Dieu, Et que vous ne vous appartenez point à vous-même ? » (v.19)*

4. ***Fuir l'immoralité !*** Fuir la tentation de l'immoralité est un commandement qui s'adresse à chacun de nous.

« Fuyez l'impudicité. Quelque autre péché qu'un homme commette, ce péché est hors du corps ; Mais celui qui se livre à l'impudicité pèche contre son propre corps » (v.18). Fuis toute situation ou tout lieu qui peut te rendre vulnérable à l'immoralité.

Fais-tu face à une forme d'immoralité ? Viens et repens-toi devant le Seigneur aujourd'hui. Il te pardonnera et te rendra libre. Applique aussi cette parole scrupuleusement dans ta vie pour que la victoire demeure.

Prions

1. *Père, merci de m'avoir choisi pour être ton temple et ta demeure.*
2. *Père, pardonne-moi d'avoir toléré le péché de l'immoralité et la perversité dans ma vie.*
3. *Ô père, libère le sang de Jésus pour qu'il purifie ma vie, au nom de Jésus.*
4. *Feu de Dieu, purifie mon âme, mon corps et mon esprit de toute contamination d'immoralité.*
5. *Père, que la flamme de l'amour divin contrôle mon cœur et me fortifie pour résister à l'immoralité.*
6. *Je lie tout esprit d'immoralité qui agit contre moi et je brise tout joug d'impureté sur mon esprit, au nom de Jésus.*

Vendredi 20 juin   **JÉSUS TE GUÉRIT MAINTENANT**

Lis : Matthieu 4 :23-25

La bible en 1 an : Exode 35-37
La bible en 2 ans : Proverbes 19-20

« Il descendit avec eux et s'arrêta sur un plateau, où se trouvait une foule de ses disciples et une multitude de peuple de toute la Judée, de Jérusalem, et de la contrée maritime de Tyr et Sidon. ILS ÉTAIENT VENUS POUR L'ENTENDRE, ET POUR ÊTRE GUÉRIS DE LEURS MALADIES. Ceux ... étaient guéris » (Luc 6 :17-18).

Partout où Jésus allait, il guérissait tout le monde. Matthieu 4 :24 affirme : *« ... Et on lui amenait tous ceux qui souffraient de maladies et de douleurs de divers genres, des démoniaques, des lunatiques, des paralytiques ; et il les guérissait »*.

En médecine, tout bon médecin se spécialise dans un domaine précis de la médecine. Il existe des ophtalmologues, des gynécologues, des pédiatres, des neurologues, des dentistes, entre autres. Dans Matthieu 9 :12, Jésus lui-même dit qu'il est le grand médecin - une combinaison parfaite de toutes les spécialités. Il l'a prouvé en guérissant toutes les maladies qu'on lui amenait. Il a guéri les sourds, les muets, les épileptiques, les fous, les paralytiques, etc. Il a même ressuscité les morts. Pourquoi ? Il est le grand médecin - le docteur des docteurs qui ne réfère aucun cas. Ce Jésus de Nazareth guérit encore toutes les maladies et libère toujours les captifs. Cela implique qu'il y a de l'espoir pour toi. C'est la bonne nouvelle de l'évangile.

Plusieurs personnes ne reçoivent pas leur guérison parce qu'elles n'ont pas écouté la parole. Luc 6 :17 révèle que la parole précède la guérison. Pendant que tu te nourris de la parole de ce livre ce mois, la guérison et la santé divine jailliront dans ta vie. Chaque fois que tu reçois la parole de Dieu et que tu y crois, elle devient la puissance de guérison en toi. Paul affirme : *« car je n'ai point honte de l'évangile : c'est une puissance de Dieu... » (Romains 1 :16)*. Alors, médite la parole et mémorise-la.

Qu'est-ce que les médecins ont dit à ton sujet ? Est-ce qu'ils t'ont dit que ta situation est désespérée ? Si c'est le cas, ils t'ont référé chez le grand médecin - Jésus-Christ. Il ne va pas te chasser ou te référer à quelqu'un d'autre parce que tout est possible avec lui. Reçois ta guérison maintenant, au nom de Jésus.

Prions

1. *Père, merci pour la puissance de guérison disponible dans ta parole et dans le nom de Jésus.*
2. *Père, je viens à toi aujourd'hui te faisant confiance pour un miracle parce que toutes choses sont possibles avec toi.*
3. *Seigneur Jésus-Christ, nul ne vient à toi malade et rentre frustré ; visite-moi et change mon histoire.*
4. *Mets ta main sur ton ventre et prie 7 fois en ces mots : « Toi semence de maladie en moi, meurs maintenant, au nom de Jésus ».*
5. *Oins-toi ou oins la personne malade et déclare la guérison totale et la santé.*
6. *Père, que ta main repose sur tous les aspects de ma vie pour la restauration totale, au nom de Jésus.*

Samedi 21 juin   **ES-TU AUX PRISES DU REJET ?**

Lis : Genèse 37 :17-20

> **La bible en 1 an :** Exode 38-40
> **La bible en 2 ans :** Proverbes 21-22

« Pensez à combien le père nous aime » (1 Jean 3 :1, traduit de la version CEV).

Es-tu tourmenté par l'esprit du rejet à cause des blessures issues des abus et de l'abandon ? Il y a de l'espoir dans l'amour de Dieu. Aujourd'hui, exposons l'esprit de rejet et brisons son emprise sur ton âme, au nom de Jésus.

Quand tu luttes avec l'esprit de rejet, tu expérimentes les choses suivantes :

1. *Le perfectionnisme :* Tu es toujours en train d'essayer de plaire à tout le monde. Malheureusement, ça ne fonctionne pas parce que les besoins et les attentes des gens varient si bien qu'il est impossible de satisfaire tout le monde.

2. *Tu te contentes de moins :* Tu acceptes d'être négligé et abusé parce que tu penses que c'est ce que tu mérites. Quand tu ne t'accordes pas de la valeur à cause d'une image tordue de toi-même, tu deviens vulnérable aux manipulations, aux abus et à l'exploitation. Tu as été créé à l'image de Dieu, et tu es un prince ou une princesse

dans son royaume (Psaume 139 :14 ; 1 Pierre 2 :9). Ne te contente pas du reste, vise le meilleur !

3. ***Tu deviens agressif :*** L'abus et la négligence nous laisse avec des blessures émotionnelles, et les victimes deviennent hypersensible aux blessures. Elles sont agressives parce qu'inconsciemment, elles cherchent à se protéger. Elles ne veulent pas être vulnérables.

4. ***Tu t'isoles :*** Les blessures issues de l'abus et l'abandon poussent la victime à s'éloigner des autres. Elle se dit : « je n'ai besoin de personne. Je peux gérer ». Cette posture cause la frustration parce que leurs besoins physiques, spirituels et émotionnels ne peuvent pas être comblés dans l'isolement.

5. ***Tu jures ne plus faire confiance aux gens :*** Ceci peut sembler logique, mais en repoussant les gens, tu te renfermes et tes relations en souffrent.

6. ***Tu attires les mauvaises personnes :*** L'esprit de rejet attire les mauvaises personnes dans ta vie. Pourquoi ? Si tu te comportes avec une perception négative et diminuée de ta valeur, tu vas continuer d'attirer les mauvaises personnes. Tu es enfant de Dieu. Marche en portant la beauté de sa gloire sur toi, et tu vas attirer les bonnes personnes.

Cher ami, si cette parole a exposé l'esprit de rejet dans ta vie, fais ce qui suit pour le vaincre. (1) Arrête de te définir par ta situation ou ton apparence physique. (2) Concentre-toi sur qui Dieu dit de toi dans sa parole. (3) Ne permets pas aux critiques négatives d'entrer dans ton cœur. (4) Ne te rends pas face à l'échec. Continue d'essayer ; tu gagneras ! (5) Médite continuellement sur l'amour du Père pour toi et sur le fait qu'il t'appelle son enfant.

Prions
1. *Père, merci de m'aimer et me valoriser plus que tout, au nom de Jésus.*
2. *Père, pardonne-moi pour avoir entretenu les mauvaises pensées sur moi-même, au nom de Jésus.*
3. *Père, je rejette toute image de moi dans mon âme qui n'est pas dans ta parole, au nom de Jésus.*
4. *Père, aide-moi à me focaliser sur ton amour. Remplis-moi de ton amour, au nom de Jésus.*
5. *Père, je pardonne à tous ceux qui m'ont blessé et je laisse tomber tout ce que j'avais contre eux. Guéris mon cœur, au nom de Jésus.*
6. *Père, j'ordonne à l'esprit de rejet qui tourmente mon esprit de me quitter totalement maintenant, par le feu, au nom de Jésus.*

Samedi 22 juin **NE SOIS PAS AMER ; LOUE !**

Lis : Psaume 50 :10-15

> **La bible en 1 an :** Jacques 1-2
> **La bible en 2 ans :** Proverbes 23-24

« Offre pour sacrifice à Dieu des actions de grâces, et accomplis tes vœux envers le Très-haut. Et invoque-moi au jour de la détresse ; je te délivrerai, et tu me glorifieras » (Psaumes 50 :14-15).

La reconnaissance est la stratégie que Dieu a mise pour que nous lui exprimions notre joie. On ne peut pas savoir ce que quelqu'un ressent à moins qu'il ne l'exprime. Chaque fois qu'on remercie Dieu, on lui démontre notre amour et notre appréciation.

Les sacrifices d'actions de grâces comprennent chanter des louanges à Dieu, témoigner de ce qu'il a fait, prier et l'adorer, et lui présenter des offrandes d'actions de grâces surtout pendant les moments d'épreuves. Notre père céleste s'attend à ce que nous le célébrons continuellement, malgré ce que nous traversons. *« Par lui, offrons sans cesse à Dieu un sacrifice de louange, c'est-à-dire le fruit de lèvres qui confessent son nom » (Hébreux 13 :15).* Pierre a également mis l'emphase sur cet aspect : *« vous, au contraire, vous êtes une race élue, un sacerdoce royal, une nation sainte, un peuple acquis, afin que VOUS ANNONCIEZ LES VERTUS DE CELUI qui vous a appelés des ténèbres à son admirable lumière » (1 Pierre 2 :9).*

Enfant de Dieu, ne manque pas d'accomplir ce devoir spirituel chaque jour. Malheureusement, certains chrétiens, au lieu de servir comme des « personnes qui donnent la louange dans le royaume », elles deviennent des « personnes qui se plaignent ». Elles sont amères envers Dieu, tout le monde et même envers elles-mêmes pour une raison ou une autre.

Aux versets 10-13 de notre texte, Dieu souligne clairement qu'il ne manque de rien. S'il avait besoin de nourriture, il ne te demanderait pas parce que tes ressources sont très limitées pour le nourrir. Pense à ceci : Quelle est la grosseur du ventre de Dieu ? S'il avait besoin d'adoration, il a des milliers de milliards d'anges saints pour l'adorer. Le nombre d'anges que Jean vit adorer Dieu dans Apocalypse 5 :11 était énorme - 100.000.000.000.000. Il se suffit à lui-même et n'a besoin de rien de la part d'un être humain. Il peut se passer de toi, mais tu ne peux pas te passer de lui.

Alors, où est la place du sacrifice d'action de grâces si Dieu a tout ce dont il a besoin ? Il déclare : *« Offre pour sacrifice à Dieu des actions de grâces, et accomplis tes vœux envers le Très-haut. Et invoque-moi au jour de la détresse ; je te délivrerai, et tu me glorifieras » (Psaume 50 :14-15).* Ton action de grâces te connecte aux bénédictions illimitées de Dieu. Ainsi, si tu veux expérimenter l'intervention divine rapide, apprends à t'humilier et à remercier Dieu et évite d'être amer. Apprends à le remercier avec une offrande.

Prions
1. *Père, je te remercie parce que tu ne peux pas m'abandonner au jour de la détresse.*
2. *Mon père, pardonne-moi de ne t'avoir pas célébré assez pour tout ce que tu as fait dans ma vie.*

3. *Seigneur, apprends-moi à te remercier continuellement pour toutes tes merveilles dans ma vie.*
4. *Je rejette l'esprit des plaintes et accueille l'onction de l'action de grâce, au nom de Jésus.*
5. *Mon père, ouvre mes yeux pour que je voie ta grandeur et ta toute suffisance, et apprends-moi à te faire confiance pour ce qui est de pourvoir à tous mes besoins.*
6. *Père, relâche une onction spéciale de générosité et d'amour dans mon cœur et dans le cœur des autres chrétiens, au nom de Jésus.*

Lundi 23 juin ÉCOUTE DIEU

Lis : Actes 13 :1-4

> **La bible en 1 an :** Jacques 3-5
> **La bible en 2 ans :** Proverbes 25-26

« Tes oreilles entendront derrière toi la voix qui dira : voici le chemin, marchez-y ! Car vous iriez à droite, ou vous iriez à gauche » (Esaïe 30 :21).

Tu ne peux pas entendre si tu n'écoutes pas ! Cher ami, tu ne connaîtras pas la voix de Dieu jusqu'à ce que tu pratiques l'écoute dans la prière. Ton autel de prière doit être un lieu où tu as une communion intime avec le Saint-Esprit et où tu reçois la direction divine en écoutant sa voix. De ce fait, ton moment de prière ne doit pas être un monologue, mais un dialogue avec ton créateur. Dans Esaïe 1 :18, il dit : « venez et plaidons ! Dit l'Eternel ». Il n'a pas dit : « venez me lancer des paroles et partez ».

Malheureusement, plusieurs personnes prient sans obtenir des résultats concrets parce qu'elles prient les oreilles fermées. Le père déclare : « venez et plaidons ». En d'autres termes, présente ta situation et réfléchissons ensemble sur comment la résoudre. Cher ami, Dieu et toi devez raisonner ensemble pour que ta situation change. Ne rejette jamais ta responsabilité sur lui. Il ne fera jamais ce que tu es sensé faire. Tu transfères tes responsabilités à Dieu quand tu pries comme un lecteur CD et tu n'écoutes pas sa voix.

Sais-tu que la prière te donne accès à la pensée de Dieu ? Dieu dit à Jérémie : *« invoque-moi, et je te répondrai ; je t'annoncerai de grandes choses, des choses cachées, que tu ne connais pas » (Jérémie 33 :3).* Tu peux véritablement saisir la pensée, la volonté, les desseins et la sagesse de Dieu sur ta destinée par la prière. Dans la prière, il y a un échange de pensées. Tu partages avec Dieu ce que tu penses et il partage aussi avec toi ce qu'il pense. Le résultat est que ta pensée se sature des idées et des pensées divines. Tu gagnes la révélation, la perspicacité et la direction divine. C'est le secret derrière la force de toutes les personnes qui ont réussi dans le royaume de Dieu.

Barnabas et Paul sont allés au champ missionnaire avec courage parce qu'ils avaient entendu Dieu directement dans la prière. Chaque fois que tu vas prier, écoute toujours la voix du Saint-Esprit. Il te parlera.

Prions

1. *Père, je te remercie pour l'onction de la révélation divine répandue sur moi par ta parole.*
2. *Père, nettoie mes yeux spirituels de tout ce qui rend ma vision floue et mon entendement difficile, au nom de Jésus.*
3. *Père, aide-moi à ne pas rater ta volonté concernant tous les aspects de ma vie en cette saison, au nom de Jésus.*
4. *Cher Saint-Esprit, fais que ma pensée soit connectée à la pensée de Dieu en tout temps.*
5. *Je commande à tout réseau satanique interférant avec ma destinée de prendre feu maintenant, au nom de Jésus.*
6. *Ô Éternel, restaure puissamment l'esprit de révélation dans l'Église de ce pays, au nom de Jésus.*

Prières prophétiques de la semaine
1. *Père, je te remercie parce que tu vas faire tomber les ennemis de mon âme dans la fosse qu'ils ont creusée pour moi, au nom de Jésus.*
2. *Tout rendez-vous qui m'est arrangé par le royaume des ténèbres avec la mort prématurée est absorbé dans le sang de Jésus, au nom de Jésus.*
3. *Toute alliance ancestrale me réclamant quelque chose est effacée par le sang de Jésus, au nom de Jésus.*

Mardi 24 juin   **NE PROVOQUE PAS DIEU**

Lis : 1 Rois 16 :1-13

> **La bible en 1 an :** Galates 1-3
> **La bible en 2 ans :** Proverbes 27-28

« Ne vous y trompez pas : on ne se moque pas de Dieu. Ce qu'un homme aura semé, il le moissonnera aussi » (Galates 6 :7).

Une adoration et une générosité sincères produisent les bénédictions ; le péché amène la calamité. *« Celui qui sème pour satisfaire ses propres désirs d'homme livré à lui-même récoltera ce que produit cet homme, c'est-à-dire la corruption. Mais celui qui sème pour l'Esprit moissonnera ce que produit l'Esprit : la vie éternelle » (Galates 6 :8 BDS).* Sais-tu que tu sèmes des semences de provocation chaque que tu violes un commandement de Dieu ? La semence de la provocation attire la destruction. Les difficultés que traversent certaines personnes sont causées par la chair, l'immoralité, la vanité et l'idolâtrie.

Le roi Baesha d'Israël a provoqué la colère de Dieu à cause de son idolâtrie et de sa perversité. Son iniquité a énervé Dieu, provoquant ainsi des calamités à travers les générations dans sa famille. Zimri, l'un de ses généraux, l'a assassiné en même temps que ses fils. Et cet acte accomplit la prophétie déclarée par le prophète Jéhu (1 Rois 16 :1-7).

De nos jours, les gens se sont familiarisés avec Dieu au point où ils le prennent à la légère. Ils pensent qu'ils peuvent faire n'importe quoi au nom de Jésus. De telles personnes prononcent des fausses prophéties quand Dieu n'a pas parlé. Elles se souillent dans l'immoralité, mais se tiennent quand même devant le peuple de Dieu pour rendre ministère. D'autres utilisent le nom de Dieu pour extorquer de l'argent aux gens. Pire encore, certains utilisent les pouvoirs occultes pour faire le ministère dans la maison de Dieu. Toutes ces mauvaises pratiques provoquent Dieu et il les jugera.

Aujourd'hui, Dieu nous avertit à travers sa parole. Ne le provoque pas. Les conséquences seraient terribles. Cependant, la bonne nouvelle est que peu importe la distance d'où tu es tombé, Dieu peut te restaurer si tu te repens sincèrement et ajustes tes voies. Bien-aimé, arrange ta vie afin que la main de la faveur de Dieu se repose sur ta vie.

Prions
1. *Père, je te remercie pour aujourd'hui et pour ce message d'avertissement.*
2. *Examine ta vie devant Dieu et identifie ces choses que tu fais qui provoquent Dieu. Demande à Dieu de te pardonner et de te purifier par le sang de Jésus-Christ.*
3. *Consacre-lui à nouveau ta vie entière aujourd'hui et engage-toi à marcher dans ses voies.*
4. Mets ta main sur ta tête et prie :
   - *J'ordonne à toute onction satanique sur ma vie de sécher maintenant, au nom de Jésus.*
   - *Que le manteau du feu de purification et de restauration descende sur ma vie maintenant, au nom de Jésus.*
5. *Ô Seigneur, relâche le fleuve de la justice et purifie nos pupitres de tout mensonge.*

Mercredi 25 juin **SE SOUMETTRE LES UNS AUX AUTRES**

Lis : Ephésiens 5 : 21-33

> **La bible en 1 an :** Galates 4-6
> **La bible en 2 ans :** Proverbes 29-30

« Vous soumettant les uns aux autres dans la crainte de Christ. » (Ephésiens 5 : 21).

La soumission mutuelle est essentielle pour construire des relations saines. Chaque fois que nous manquons de respect ou que nous abusons de l'autorité, nous empoisonnons nos relations. Nous ne pouvons pas avoir de bonnes relations les uns avec les autres si nous ne nous estimons pas, ne nous apprécions pas et ne nous respectons pas nous-mêmes.

Le mot « soumettre » dans notre verset principal vient du mot grec « *Hupotasso* », qui signifie : (1) Céder ou se placer volontairement sous l'autorité ou la direction de quelqu'un. (2) Respect mutuel, humilité et volonté de se servir les uns les autres. (3) Pas de coercition. Le mot ne signifie pas qu'il y a coercition ou soumission forcée, mais plutôt une réponse volontaire et avec amour. L'appel à la soumission lancé par Paul en Éphésiens 5 : 21 fait référence à la soumission mutuelle entre les croyants. Il souligne que chaque croyant doit avoir une attitude de serviteur envers les autres. En tant qu'enfants de Dieu, nous devons faire passer les besoins des autres avant les nôtres. Dans le contexte du mariage, les versets demandent aux femmes de se soumettre à leur mari, tout comme l'Église se soumet au Christ.

Aujourd'hui, la plupart des gens n'aiment pas la phrase « Soumettez-vous les uns aux autres ». L'esprit d'indépendance qui caractérise la société actuelle est en contradiction avec l'idée d'être soumis à d'autres personnes. Le rejet de l'idée de se soumettre les uns aux autres laisse la famille, l'église et la société dans le chaos.

Une femme qui aime son mari se soumet à lui, le respecte et accepte sa direction. Tu ne peux pas prétendre l'aimer si tu ne le respectes pas. Lors des consultations prénuptiales, nous disons aux jeunes femmes : « N'épouse pas un homme que tu ne peux pas respecter ».

Le mari, en tant que chef de famille, est censé guider, garder et gouverner son foyer avec l'amour du Christ. On ne peut pas construire un mariage sain sans amour sacrificiel. Si tu aimes ta femme, tu la valoriseras, l'apprécieras et subviendras à ses besoins. Tu ne la maltraiteras pas. Dans les années 1800, dans un village de Pennsylvanie, un mari battait sa femme. Les autres hommes du village ont décidé d'agir. L'un d'entre eux a écrit : « Nous sommes allés là-bas, nous lui avons enlevé tous ses vêtements et nous l'avons traîné à reculons dans un champ de chardons. Puis nous lui avons dit que s'il continuait à maltraiter sa femme, nous ne le prendrions pas à la légère. Nous allions nous fâcher la prochaine fois ».

Les hommes ou les femmes de la communauté doivent-ils intervenir dans ton foyer pour t'obliger à assumer tes responsabilités conjugales ? Non !

Prions
1. *Père, merci d'avoir fait de moi un prince/une princesse dans ton royaume, au nom de Jésus.*

2. *Père, libère-moi de la rébellion et de toute forme d'insubordination dans mes relations, au nom de Jésus.*
3. *Je reçois la grâce de me soumettre à l'autorité, de respecter et d'estimer les autres selon la volonté de Dieu, au nom de Jésus.*
4. *Êtes-vous marié(e) ? Demandez la grâce d'aimer votre femme comme le Christ. Demandez la grâce de vous soumettre à votre mari comme l'Église se soumet au Christ.*
5. *Priez pour certains mariages que vous connaissez et qui traversent des crises.*
6. *Priez pour vos enfants afin qu'ils respectent l'autorité.*

Jeudi 26 juin   **IL EST FIDÈLE POUR PARDONDONER**

Lis : Luc 15 : 17-20

> **La bible en 1 an :** Ésaïe 1-3
> **La bible en 2 ans :** Proverbes 31 ; Ecclésiaste 1

« Si nous confessons nos péchés, il est fidèle et juste pour nous les pardonner, et pour nous purifier de toute iniquité « (1 Jean 1 : 9).

Il n'y a pas de vilain péché que Dieu ne puisse pardonner. Il peut te pardonner si tu te repens sincèrement, quoi que tu aies fait. As-tu besoin de pardon aujourd'hui ? Dieu est fidèle et suffisamment juste pour te pardonner et te purifier, quoi que tu aies fait. Reviens à lui de tout ton cœur.

1 Jean 1 : 9 est la promesse de Dieu aux chrétiens qui ont une relation avec Jésus-Christ. Dieu veut nous bénir et répondre à nos prières ; c'est pourquoi il nous demande de traiter avec nos péchés, qui peuvent constituer un obstacle. Nous devons accepter le sacrifice du Christ et nous repentir de nos fautes. Nous devons déraciner tout péché secret et toute désobéissance dans notre vie pour prier efficacement.

Nos péchés sont pardonnés lorsque nous allons au Christ, qui nous purifie et nous couvre de son sang. Nous avons besoin d'une purification continue afin de pouvoir vivre devant Dieu dans la sainteté - la sainteté que le Christ est mort pour nous procurer. Dieu nous dit : « Si tu veux que je fasse des affaires avec toi, tu dois te débarrasser du péché et de la désobéissance ». Pourquoi ? Le péché nous sépare de Dieu. *« Mais ce sont vos crimes qui mettent une séparation Entre vous et votre Dieu; Ce sont vos péchés qui vous cachent sa face Et l'empêchent de vous écouter. » (Ésaïe 59 : 2).*

Mon ami, tu n'as pas besoin de te sentir coupable d'avoir péché. Tu devrais plutôt aller hardiment vers Dieu, demander le pardon et recevoir la purification. Dieu est compatissant et bienveillant, et il te pardonnera.

Dieu peut aussi s'occuper des péchés que tu as commis inconsciemment. Le roi David a prié : *« Qui peut discerner ses erreurs ? Pardonne mes fautes cachées » (Psaume 19 : 12).* Nous avons aussi cette promesse de la Parole de Dieu : *« Mais autant les cieux sont élevés au-dessus de la terre, Autant sa bonté est grande pour ceux qui le craignent; autant l'orient est éloigné de l'occident, autant il a éloigné de nous nos transgressions (Psaume 103 : 11-12).*

Prions
1. *Père, merci parce qu'il n'y a pas de péché que tu ne puisses pardonner, au nom de Jésus.*
2. *Y a-t-il des problèmes pour lesquels tu veux que Dieu te pardonne et te libère ? Présente-les-lui maintenant et demande-lui de te pardonner.*
3. *Père, je reçois le sang de Jésus-Christ comme un agent de purification profonde dans ma vie, au nom de Jésus.*
4. *Place ta main sur ton ventre et prie 5 fois : « Feu de Dieu, tombe maintenant et purifie-moi de toute racine d'iniquité, au nom de Jésus. »*
5. *J'ordonne que le trône de l'ennemi sur n'importe quel domaine de ma vie prenne feu et soit réduit en cendres, au nom de Jésus.*

6. Père, vaccine mon âme et mon esprit avec le feu de la sainteté, au nom de Jésus.

Vendredi 27 juin   **UTILISE TON DROIT D'ALLIANCE**

Lis : Hébreux 4 : 14-16

> **La bible en 1 an :** Ésaïe 4-6
> **La bible en 2 ans :** Ecclésiaste 2-3

« Mais à tous ceux qui l'ont reçue, à ceux qui croient en son nom, elle a donné le pouvoir de devenir enfants de Dieu » (Jean 1 : 12).

Tu ne peux pas faire d'affaires légales avec Dieu si tu n'es pas dans une relation correcte avec lui par l'intermédiaire du Christ. Jésus a annulé nos péchés par son sacrifice sur la croix, nous accordant le pardon et l'accès légal à Dieu par son nom. Seuls les enfants de Dieu peuvent réclamer la puissance par le nom de Jésus. Jean 1 : 12 dit : « *Mais à tous ceux qui l'ont reçue, à ceux qui croient en son nom, elle a donné le pouvoir de devenir enfants de Dieu.* » Fais-tu partie de ceux qui l'ont reçu et qui croient en son nom ?

Ami, l'autorité que nous avons au nom de Jésus, par la prière, est basée sur notre relation d'alliance avec Dieu par le Christ. « *Mais maintenant il a obtenu un ministère d'autant supérieur qu'il est le médiateur d'une alliance plus excellente, qui a été établie sur de meilleures promesses.* » (Hébreux 8 : 6). Nous pouvons prier directement Dieu au nom de Jésus parce que Jésus nous a donné l'autorité de le faire.

Dans le Nouveau Testament, Jésus a fait sept déclarations, comme la suivante, nous autorisant à utiliser son nom pour prier Dieu : « *En ce jour-là, vous ne m'interrogerez plus sur rien. En vérité, en vérité, je vous le dis, ce que vous demanderez au Père, il vous le donnera en mon nom. Jusqu'à présent vous n'avez rien demandé en mon nom. Demandez, et vous recevrez, afin que votre joie soit parfaite. Je vous ai dit ces choses en paraboles. L'heure vient où je ne vous parlerai plus en paraboles, mais où je vous parlerai ouvertement du Père. En ce jour, vous demanderez en mon nom, et je ne vous dis pas que je prierai le Père pour vous » (Jean 16 : 23-26).*

As-tu reçu Jésus-Christ comme ton Seigneur et Sauveur, et vis-tu comme son disciple ? N'oublie pas le droit que te confère l'alliance d'utiliser son nom. Une fois que tu as obtenu ton permis de conduire, tu peux conduire ta voiture sur l'autoroute sans crainte. Utilise le nom de Jésus avec audace pour affronter le diable et faire respecter l'ordre divin dans ta vie et ta famille.

Prions

1. *Père, merci de m'avoir donné le droit d'utiliser le nom de Jésus.*
2. *Père, fais briller ta lumière dans mon cœur et fais-moi comprendre ta volonté concernant ma vie en tant qu'enfant de l'alliance dans le Royaume.*
3. *Père, que ta main puissante agisse dans ma vie et établisse l'ordre, au nom de Jésus.*
4. *J'ordonne aux ténèbres de quitter mon ministère, ma santé, mon mariage et mes finances, au nom de Jésus.*
5. *Père, fais que la plupart de ceux qui me rencontrent cette année voient ta gloire et se tournent vers Jésus-Christ, au nom de Jésus.*
6. *Père, baptise-moi de ton Esprit et utilise-moi pour répondre à la question complexe de quelqu'un en cette saison, au nom de Jésus.*

Samedi 28 juin   **GOUVERNE TA LANGUE**

Lis : Proverbes 23 : 15-16

> **La bible en 1 an :** Ésaïe 7-9
> **La bible en 2 ans :** Ecclésiaste 4-5

« Celui qui veille sur sa bouche et sur sa langue Préserve son âme des angoisses » (Proverbes 21 : 23).

La langue a le pouvoir énorme de t'élever ou de t'effacer. Les choses négatives (malédictions) que tu prononces sur tes enfants dans la colère peuvent anéantir ta famille. Tu peux étudier l'impact des malédictions de Jacob sur ses trois fils : Ruben, Siméon et Lévi. Leur progéniture a été confrontée à de nombreux problèmes.

L'histoire rapporte qu'un seul homme dans toute l'histoire des États-Unis, a démissionné de la présidence : Richard Nixon. Qu'est-ce qui l'a poussé à le faire ? Certaines sources affirment que ce sont les enregistrements de ses conversations privées qui l'ont poussé à le faire. Comme le dit Bob Gass, « ce n'était pas les cassettes, c'était sa langue ». Les cassettes ne contiennent que ce qu'il a dit. C'est donc sa langue qui a mis fin à son séjour à la Maison Blanche. Combien de relations, de mariages et d'organisations ont été détruits par la langue ?

Notre verset principal est un conseil : «*« En ce jour-là, vous ne m'interrogerez plus sur rien. En vérité, en vérité, je vous le dis, ce que vous demanderez au Père, il vous le donnera en mon nom » (Proverbes 21 : 23).* Si tu ne peux pas garder ta langue, qui est une épée à deux tranchants, elle tuera les autres et te ruinera aussi. Les mots « langue, bouche et lèvres » sont mentionnés environ 150 fois dans le livre des Proverbes. Cela souligne que nous devons faire attention à ce qui sort de notre bouche, sous peine d'en subir les conséquences.

On dit qu'en cinquante ans, une personne moyenne peut dire assez de mots pour créer douze mille volumes de trois cents pages chacun. Si c'est vrai, réfléchis au contenu de tes livres, en supposant que tout ce que tu dis soit écrit. La triste vérité est que certaines choses négatives que tu dis ne seront jamais oubliées.

Dans notre texte, Dieu, à travers les paroles de Salomon, veut que nous soyons sages. Il dit : « *Mon fils [ma fille], si tu acquiers de la sagesse, mon cœur à moi aussi s'en réjouira. Quand tu parleras avec droiture, tout mon être exultera.* » *(V. 15-16 BDS).*

Choisis la voie de la sagesse, qui consiste à vérifier ce que tu dis.

Prions

1. *Père, merci de m'avoir donné une langue qui soit une bénédiction et non une malédiction.*
2. *Père, que ta bénédiction repose sur ma langue, au nom de Jésus.*
3. *Seigneur, apprends-moi à dominer ma langue, au nom de Jésus.*
4. *Père, guide mes pieds sur le chemin de la paix, au nom de Jésus.*
5. *Père, tu donnes la force aux faibles ; rends-moi inébranlable, au nom de Jésus.*
6. *Père, fais taire la langue des méchants qui s'élève contre moi, au nom de Jésus.*

Dimanche 29 juin **CHOISIR DE PLAIRE À DIEU**

Lis : 1 Pierre 2 : 20-23

La bible en 1 an : Ésaïe 10-12
La bible en 2 ans : Ecclésiaste 6-7

« Quand l'Eternel approuve les voies d'un homme, Il dispose favorablement à son égard même ses ennemis. « (Proverbes 16 : 7).

Cher ami, plaire à Dieu ne devrait pas être une tâche difficile, si tu choisis de te lier à lui dans l'obéissance absolue à ses commandements et dans la confiance totale en son pouvoir souverain. *« Car c'est Dieu qui produit en vous le vouloir et le faire, selon son bon plaisir » (Philippiens 2 : 13).* Ce verset implique que l'on peut plaire à Dieu si l'on en a la volonté.

Jésus-Christ reste notre exemple parfait en ce qui consiste plaire à Dieu. Comme le dit 1 Pierre 2 :20-23 à son sujet *: « Quelle gloire y a-t-il, en effet, à endurer un châtiment pour avoir commis une faute ? Mais si vous endurez la souffrance tout en ayant fait le bien, c'est là un privilège devant Dieu. C'est à cela que Dieu vous a appelés, car le Christ aussi a souffert pour vous, vous laissant un exemple, pour que vous suiviez ses traces. Il n'a commis aucun péché, ses lèvres n'ont jamais prononcé de mensonge. Injurié, il ne ripostait pas par l'injure. Quand on le faisait souffrir, il ne formulait aucune menace, mais remettait sa cause entre les mains du juste Juge ».* Si tu désires plaire à Dieu, suis l'exemple de Jésus !

Plaire à Dieu est un choix que tu dois faire chaque jour. Voici l'histoire d'un homme qui a choisi de plaire à Dieu chaque jour : « Un homme achetait un journal chez un kiosque à journaux tous les jours. Il saluait toujours le vendeur avec beaucoup de courtoisie, mais en retour, il était traité avec beaucoup d'irritation et d'insolence ; le vendeur lui mettait le journal au visage avec impolitesse. L'homme, quant à lui, lui souriait poliment et lui souhaitait une bonne journée. Cela a duré plusieurs jours, jusqu'à ce qu'un ami lui demande : « Est-ce qu'il te traite toujours aussi impoliment ? » L'homme a répondu : « Malheureusement, c'est le cas. » L'ami a ensuite demandé : « Es-tu toujours aussi poli et amical avec lui ? » L'homme a répondu : « Oui, je le suis. » L'ami continua : « Pourquoi es-tu si gentil avec lui alors qu'il est si impoli avec toi ? » L'homme répondit : « Parce que je ne veux pas qu'il décide de ma conduite. » Chaque fois que tu choisis de plaire à Dieu plutôt qu'à toi-même, tu lui donnes l'occasion de manifester sa gloire dans ton monde.

Prions
1. *Père miséricordieux et éternel, merci de m'avoir donné un exemple parfait à suivre : Jésus-Christ.*
2. *Père, aide-moi à vivre comme la lumière du monde et le sel de la terre parmi les impies, au nom de Jésus.*
3. *Père, remplis mon cœur de sagesse pour affronter les impies, au nom de Jésus.*
4. *Père, remplis-moi du désir et de la sagesse dont j'ai besoin pour te plaire dans tout ce que je fais, au nom de Jésus.*
5. *Père, que le bien triomphe toujours du mal dans ma vie, où que j'aille, au nom de Jésus.*
6. *Prie pour ceux qui souffrent dans cette nation à cause de leur foi ; qu'ils ne faiblissent pas, au nom de Jésus.*

Lundi 30 juin   **PRIE POUR LE CAMEROUN**

Lis : Néhémie 9 : 26-28

La bible en 1 an : Ésaïe 13-15
La bible en 2 ans : (Rattrapage)

« La justice élève une nation, Mais le péché est la honte des peuples. » (Proverbes 14 : 34).

Une nation s'élève ou s'effondre selon les actes de ses citoyens à l'égard de Dieu ou de leurs semblables. Lorsque le crime, la corruption et un mode de vie insouciant ne sont pas maîtrisés, ils finissent par se dévorer eux-mêmes. Actuellement, dans le contexte de la crise anglophone, les enlèvements, les viols, les meurtres et les assassinats font partie de la vie quotidienne des habitants des régions du Nord-Ouest et du Sud-Ouest du Cameroun.

Dieu, notre Créateur, est miséricordieux et compatissant et ne se taira pas éternellement. Notre texte résume comment il est intervenu à plusieurs reprises pour délivrer Israël de ses souffrances. Comment l'a-t-il fait ? Il a suscité des hommes et des femmes avec un cœur pour le peuple afin qu'ils travaillent pour un changement. Il suscitera parmi nous un ordre de dirigeants qui prendront le taureau par les cornes et apporteront l'ordre nécessaire.

Alors que tu pries pour une intervention divine au Cameroun, sache qu'il y a trois types de personnes que le diable utilise pour ruiner notre nation et trois types de personnes que Dieu utilisera pour relever la nation :

1. *Trois types de personnes que Satan utilise pour ruiner le Cameroun :*
   a) Ceux que Dieu a habilités à résoudre nos problèmes mais qui ne sont pas prêts à agir. Si un incendie ravage la maison d'un voisin et que tu as de l'eau pour l'éteindre, mais que, pour une raison ou une autre, tu restes silencieux, tu fais partie du problème.
   b) Ceux qui soutiennent la méchanceté. Des hommes mauvais soutiennent des jeunes gens pour qu'ils commettent des crimes odieux. Ils en profitent tandis que le peuple se lamente.
   c) Ceux qui vont voir Satan pour obtenir des pouvoirs pour s'engager dans la politique, les affaires, le ministère, etc. Ils polluent le pays avec des esprits démoniaques.
   d) Nous devons prier pour que Dieu les conduise à la repentance ou les remplace par des personnes qui béniront la nation.

2. *Trois types de personnes que Dieu utilisera pour relever le Cameroun :*
   a) Les personnes qui ont un amour profond pour la nation - les citoyens patriotes (Romains 9 : 1-3 ; Néhémie 1 : 1-10)
   b) Les dirigeants qui détestent le mal et la corruption. Dieu les utilisera pour imposer des changements.
   c) Des personnes qui aiment Dieu et lui font confiance de tout leur cœur. Le changement est une guerre, et il faut des gens qui ont le courage du lion pour élever une grande nation.

Prie pour le Cameroun selon Proverbes 28 : 12, *« Quand le juste triomphe [sans compromis], il y a grande gloire et fête ; mais quand le méchant monte [au pouvoir], les hommes se cachent. »*

Prions
1. *Père, merci pour ton amour et tes grands projets pour cette nation.*
2. *Père, aie miséricorde de nous qui nous sommes rebellés contre toi et viens à notre secours.*
3. *Père, que les ennemis du Cameroun diminuent en puissance, tandis que les bâtisseurs de la s'élèvent, au nom de Jésus.*
4. *Père, suscite des instruments capables de résoudre parfaitement la crise anglophone.*
5. *Feu de Dieu, descends sur les hauts et les bas lieux de cette nation et juge les œuvres de sorcellerie et d'occultisme, au nom de Jésus.*
6. *Père, libère l'Esprit de réveil dans les églises et suscite un changement qui affectera toute la nation.*

Prières prophétiques de la semaine
1. *Père, je te remercie parce que tu as mis fin à la destruction dans ma vie par le sang de Jésus-Christ.*
2. *Chaque poison de la maladie qui agit dans mon corps est neutralisé par le sang de Jésus, au nom de Jésus.*
3. *Au nom de Jésus, je déclare que la grâce de Dieu me suffit. Ainsi, rien n'ébranlera ma foi et les obstacles me serviront de tremplin ce mois-ci.*

L'UTILITE DE VOTRE SOUTIEN

Il est très clair, suite aux nombreux miracles, aux multiples percées et aux transformations des vies, que Dieu a choisi de se servir de ce ministère pour stimuler le réveil parmi Son peuple au Cameroun et au-delà. J'ai reçu l'appel seul, mais je ne peux pas l'exécuter tout seul. Vous avez un rôle unique à jouer dans la réalisation de ce projet divin. Joignez-vous à nous pendant que nous propageons l'évangile dans chaque coin du Cameroun, et au-delà de ses frontières.

Nous voulons commencer à placer des exemplaires de ce livre dans les hôtels, les hôpitaux, les écoles et les maisons, pour toucher les vies des gens avec l'évangile de Jésus-Christ. Tout comme vous avez été béni par ce livre, eux également seront grandement bénis.

TÉMOIGNAGE

Chaque mois, des centaines d'exemplaires de ce guide de prière quotidienne sont distribuées gratuitement grâce au geste de générosité de nos partenaires. Que Dieu bénisse chacun d'entre vous qui a sponsorisé fidèlement cette œuvre par sa semence financière.

Vous également vous pouvez sponsoriser 10, 25, 50, 100 ou plus d'exemplaires de ce livre pour qu'ils soient imprimés et distribués gratuitement à tous ceux qui ont faim de la Parole. Appelez au numéro (237) 699.90.26.18 ou au 674.49.58.95, ou envoyez un email à :
voiceofrevivalcameroon@yahoo.com.

Si vous voulez devenir un distributeur de notre littérature, contactez-nous directement et nous vous donnerons des directives quant au processus à suivre.

OÙ ACHETER CE GUIDE DE PRIÈRE

Centres RCR
- **Yaoundé:** *Siège Tempête de prière*, **Biyem-Assi Carrefour,** en face Croisade Campus pour Christ: 681.72.24.04/ 696.565.864
- **Bamenda:** Revival Christian Book Center, **Cow Street:** 675.14.04.50/ 694.20.04.51
- **Douala/PK 8:** All American Depot en face Lycée **Cité des Palmiers:** 678.04.11.41/ 696.90.76.09/ 670.34.42.32

Adamaoua
- **Meinganga:** MPE: 699.65.02.67/ 670.00.70.24/ 696.13.79.81/ 699.26.14.95
- **N'Gaoundéré:** EEC Mont des Oliviers: 674.14.20.51, EEL: 690.06.37.14
- **Tibati:** EEC: 681.01.33.34

Centre
- **Bafia:** MPE: 675.21.92.95/ 695.54.96.14
- **Eseka:** MPE: 675.07.56.24
- **Mbalmayo:** EEC: 675.12.86.85/
- **Mfou:** MPE: 677.36.43.28
- **Monatélé:** MPE: 677.58.42.99
- **Obala:** Kana Computer Sces en face Palace: 676.00.26.27
- **Yaoundé:** EEC **Biyem-assi**: 675.61.86.00/ 677.49.95.83/ 691.26.18.08, EEC **Nlongkak**: 677.56.41.09, EEC **Nouvelle Alliance**: 670.80.56.93, MPE **Biyem-assi**: 675.14.72.70, MPE **Etoug-Ebé**: 671.47.75.78/ 673.50.42.33,Galaxy Computers, Châteaux **Ngoa-Ekelle**: 670.52.75.26
- **Yaoundé: Librairie Chrétienne** Les Champions en face Total Caveau, **Mvog-Ada**: 675.51.02.86, **LC Maison de la**

Grâce, Montée Jouvence en face Olympia: 675.38.46.96, **LC Maison de la Bénédiction**, Marché Nsam: 691.64.47.84, **LC la Rhema**, Marché Essos, Terminus: 679.39.37.42, **LC Maison du Salut**, Pharmacie du Soleil, Carrefour MEEC: 674.85.16.33/ 699.33.85.11, **LC Livre de Vie**, Mini ferme: 675.00.45.60, **LC Bethesda**, Tsinga: 679.97.06.26, **Overcomers Christian Bookshop**, en face Djongolo Hospital, Etoa Meki: 677.164.620, **Mount Zion Christian Bookshop**, en face Sonel TKC: 663.258.623 / 675.219.435

- **Yaoundé: Tongolo**: 675.62.86.00, **Olembe**: 651.63.52.34, **DGI-Carrefour Abbia** 652.22.22.49, **Messassi**: 675.24.70.73, **Nkozoa**: 670.29.50.18, **Essos**: 677.53.94.52, **Odzja**: 672.34.34.68/ 679.97.47.08, **Etoug-Ebé**: 675.37.18.11, **Mimboman**: 699.90.52.84, **Poste Centrale**: 650.70.08.07, **Emombo**: 699.90.52.84, **Lycée Emana**: 677.86.23.14

Est

- **Batouri**: MPE: 664.86.41.80
- **Bertoua**: CBC, **quartier Ngaikada** ou **Aprilé centrale** sous-préfecture: 675.00.64.64, Collège Bilingue de l'Orient, entrée Hôpital Régionale, **quartier Italy**: 670.56.81.49, MPE, **Nkolbikon**: 696.57.95.43, 677.65.46.76, MPE, **Tigaza**: 674.15.13.18
- **Yokadouma**: MPE: 673.16.24.95/ 696.51.73.70

Extrême-Nord

- **Maroua**: AMI **Ouro-tchaedie**: 694.43.33.63, MPE de **Harde**: 675.33.12.27, Église Catholique Romaine: 673.15.19.76
- **Yagoua** : MPE: 675.691.869

Littoral
- **Douala: MPE** Nouvelle Deido: 677.79.26.96, **Dakar:** La Gloire Phone, immeuble X Tigi, Commissariat 11e: 697.60.57.85, **Kotto:** Derrière la station Neptune, **Bloc M:** 677.68.18.52, **Bonaberi:** 677.89.87.46, **Akwa:** 672.89.78.25/ 691.04.14.59/ 677.85.46.69/ 677.91.29.45, **Longpom:** 677.68.18.52/ 651.78.57.30, **Bepanda:** 677.42.75.24, Carrefour Lycée de **Maképé:** 698.09.42.63, **PK12:** 677.91.29.45/ 696.13.99.26, **Texaco-Nkololuon:** 675.18.79.85/ 691.04.14.59, La Gloire Phone, maison X.Tigi, **Carrefour entrée Bille:** 678.19.90.85, **Poste Ndokoti:** 677.94.52.42 / 691.04.14.59, **Pk21:** 670.79.05.40/ 691.04.14.59, **Bonanjo:** 691.04.14.59, **Marché centrale:** 675.01.07.63/ 691.04.14.59, **Akwa Union Bank:** 652.03.00.86, **Ange-Raphael ESSEC:** 694.26.12.28/ 677.91.29.45, **Bonamoussadi Maetur:** 694.26.12.28 /677.91.29.45, **Village:** 670.79.05.40/ 691.04.14.5, **Sure Foundation Rondpoint Deido:** en face Total Bonantone: 671.577.300, **Sure Foundation Bonabéri:** Ancienne route en face Lycée de Bonaberi Chapelle des Vainqueurs: 652.541.464, **Wisdom Christian Bookshop Béssengué:** en face Majesty Pressing, Cinéma Éden: 677.853.842, **Wisdom Christian Bookshop Bonabéri:** Ancienne route entrée EEC Paroise de Besseke, **Radio Vie Nouvelle:** Stade SICAM Ange-Raphael: 672.457.224
- **Nkongsamba:** MPE: 676.40.90.55
- **Melong - GCEPAL:** Tél: 677.80.16.45

Nord
- **Garoua:** MPE: 677.35.62.73/ 694.77.94.78

Nord-Ouest

- **Bamenda:** Bamenda Main Market, **Boutique 15:** 679.451.188, Caisse populaire Carmel (CarCCUL), **Sonac Street:** 651.04.21.27, MPE Bureau régional du NO1, en face Garanti Express: 679.46.63.31, MPE, **Cow Street:** 677.21.97.22, MPE, **Mbomassa:** 683.40.40.88, Omega Fire Ministry, **Foncha junction:** 677.93.19.98, Siège ACADI, **Wakiki junction:** 673.51.19.53, SUMAN Christian Book Center, **Sonac Street:** 675.72.91.32/ 665.49.98.48, Victory Computers, Food Market, **Fishpond Hill:** 677.64.19.54, Femmes pleureuses: 696.00.35.07/ 674.57.36.76
- **Batibo:** MPE: 677.31.25.45
- **Mbingo/Njinikom:** BERUDA: 677.60.14.07
- **Jakiri:** MPE, **Nkar:** 677.73.82.91
- **Kumbo:** MPE: 675.72.91.32
- **Mbengwi:** MPE: 677.33.73.86
- **Ndop:** Bruno Bijouterie, gars centrale: 674.97.59.34
- **Wum:** MPE Central ville: 677.64.32.56, Eglise Presbytérienne de Kesu: 677.13.83.51

Ouest

- **Bafang:** MPE: 678.229.966
- **Bafoussam:** Alliance biblique du Cameroun, **Tamdja** derrière SOREPCO: 699.74.79.10, Radio Bonne Nouvelle: 699.93.09.32, LC du **Camp** oignon: 699.51.47.25, LC PAROLE DE VIE, **gare routière de** Ndiangdam: 699.75.50.99, Dépôt RAYON AMBIANCE **marché A:** 699.42.78.47, EEC **Tamdja:** 696.14.90.16, EEC **Kamkop:** 699.44.03.59, EEC **Plateau:** 696.17.54.23, EEC **Toket:** 695.56.43.61, EEC **SOCADA:** 697.85.65.65, EEC **Tyo-Baleng:** 670.89.70.52, EEC **Kouogouo:** 675.42.27.86, EEC **Diangdam:** 698.35.20.37, MPE **Kamkop:** 653.83.11.80, Faith Bible Church: 683.94.01.21

- **Baham :** MPE : 677.47.55.79
- **Bandjoun :** MPE : 676.41.49.09
- **Bangangte :** Eglise Evangélique du Cameroun **Banekane**: 677.86.47.68
- **Banyo :** MPE : 677.92.05.98 / 674.64.71.31
- **Dschang :** MPE : 675.18.79.85 / 656.20.07.02, MPE **Minmeto**: 681.08.78.37 / 655.01.81.09
- **Foumban :** Décoration Splendeur, **CAMOCO**/Tél. : 677.79.30.83/ 694.85.09.25
- **Kombou:** EEC: 675.81.36.07
- **Mbouda:** MPE: 696.10.41.33/ 676.36.18.11, Cyber Café Pressing à-côté d'Éspace Saint Pierre du Fossie, en face Maison du Partie: 675.00.91.15, EEC **Mbouda Centre**: 695.61.97.79

Sud
- **Ebolowa:** MPE: 677.66.00.19/ 671.90.97.22
- **Ebolowa:** 671.90.97.22
- **Kribi:** Carrefour Django: 675.957.912
- **Kye-Ossi:** MPE: 678.78.00.90/ 699.95.96.99

Sud-Ouest
- **Buéa:** MPE de **Molyko**: 677.86.47.68, Molyko, à côté d'Express Union, **Check Point**: 675.06.37.78
- **Ekona:** MPE: 675.84.26.91
- **Kumba:** Caisse populaire Carmel (CarCCUL), **Sonac Street**: 675.45.12.21, Glorious Christian Book Center, **Sonac Street**: 677.62.58.49
- **Lebialem:** MPE de **Talung**, Bamumbu - Wabane: 670.466.121
- **Limbé:** Librairie Amen, **New town**: 677.16.51.62, MPE de **Mawoh**: 675.78.94.19, MPE de **Cow Fence**: Centres RCR

- **Yaoundé:** *Siège Tempête de prière*, **Biyem-Assi Carrefour,** en face Croisade Campus pour Christ: 681.72.24.04/ 696.565.864
- **Bamenda:** Revival Christian Book Center, **Cow Street:** 675.14.04.50/ 694.20.04.51
- **Douala/PK 8:** All American Depot en face Lycée **Cité des Palmiers:** 678.04.11.41/ 696.90.76.09/ 670.34.42.32

Adamaoua

- **Meinganga:** MPE: 699.65.02.67/ 670.00.70.24/ 696.13.79.81/ 699.26.14.95
- **N'Gaoundéré:** EEC Mont des Oliviers: 674.14.20.51, EEL: 690.06.37.14
- **Tibati:** EEC: 681.01.33.34

Centre

- **Bafia:** MPE: 675.21.92.95/ 695.54.96.14
- **Eseka:** MPE: 675.07.56.24
- **Mbalmayo:** EEC: 675.12.86.85/
- **Mfou:** MPE: 677.36.43.28
- **Monatélé:** MPE: 677.58.42.99
- **Obala:** Kana Computer Sces en face Palace: 676.00.26.27
- **Yaoundé:** EEC **Biyem-assi:** 675.61.86.00/ 677.49.95.83/ 691.26.18.08, EEC **Nlongkak:** 677.56.41.09, EEC **Nouvelle Alliance:** 670.80.56.93, MPE **Biyem-assi:** 675.14.72.70, MPE **Etoug-Ebé:** 671.47.75.78/ 673.50.42.33,Galaxy Computers, Châteaux **Ngoa-Ekelle:** 670.52.75.26
- **Yaoundé: Librairie Chrétienne** Les Champions en face Total Caveau, **Mvog-Ada:** 675.51.02.86, **LC Maison de la Grâce**, Montée Jouvence en face Olympia: 675.38.46.96, **LC Maison de la Bénédiction**, Marché Nsam: 691.64.47.84, **LC la Rhema**, Marché Essos, Terminus: 679.39.37.42, **LC**

Maison du Salut, Pharmacie du Soleil, Carrefour MEEC: 674.85.16.33/ 699.33.85.11, **LC Livre de Vie**, Mini ferme: 675.00.45.60, **LC Bethesda**, Tsinga: 679.97.06.26, **Overcomers Christian Bookshop**, en face Djongolo Hospital, Etoa Meki: 677.164.620, **Mount Zion Christian Bookshop**, en face Sonel TKC: 663.258.623 / 675.219.435
- **Yaoundé: Tongolo:** 675.62.86.00, **Olembe:** 651.63.52.34, **DGI-Carrefour Abbia** 652.22.22.49, **Messassi:** 675.24.70.73, **Nkozoa:** 670.29.50.18, **Essos:** 677.53.94.52, **Odzja:** 672.34.34.68/ 679.97.47.08, **Etoug-Ebé:** 675.37.18.11, **Mimboman:** 699.90.52.84, **Poste Centrale:** 650.70.08.07, **Emombo:** 699.90.52.84, **Lycée Emana:** 677.86.23.14

Est
- **Batouri:** MPE: 664.86.41.80
- **Bertoua:** CBC, **quartier Ngaikada** ou **Aprilé centrale** sous-préfecture: 675.00.64.64, Collège Bilingue de l'Orient, entrée Hôpital Régionale, **quartier Italy:** 670.56.81.49, MPE, **Nkolbikon:** 696.57.95.43, 677.65.46.76, MPE, **Tigaza:** 674.15.13.18
- **Yokadouma:** MPE: 673.16.24.95/ 696.51.73.70

Extrême-Nord
- **Maroua:** AMI **Ouro-tchaedie:** 694.43.33.63, MPE de **Harde:** 675.33.12.27, Église Catholique Romaine: 673.15.19.76
- **Yagoua :** MPE: 675.691.869

Littoral
- **Douala: Dakar:** La Gloire Phone, immeuble X Tigi, Commissariat 11e: 697.60.57.85, **Kotto:** Behind Neptune fuel station, **Bloc M:** 677.68.18.52, **Bonaberi:** 677.89.87.46, **Akwa:** 691.04.14.59/ 677.91.29.45, **Logpom:** 677.68.18.52/

651.78.57.30, **Carrefour Lycée de Maképé**: 698.09.42.63, **PK 12 (Marché)**: 677.91.29.45/ 696.13.99.26, **Texaco-Nkoulouluon**: 675.18.79.85/695112610 691.04.14.59, **Terminus Saint Michel** : 675187985, La Gloire Phone, Maison X. Tigi, **Carrefour entrée Bille**: 678.19.90.85, **PK 21**: 670.79.05.40/ 691.04.14.59, **Bonanjo**: 691.04.14.59, 677061705 691.04.14.59, **Ange Raphael ESSEC**: 694.26.12.28/ 677.91.29.45, 698360441, **Bonamoussadi Maetur**: 694.26.12.28/ 677.91.29.45, **Village**: 670.79.05.40/ 691.04.14.5, Sure Foundation **Bonabéri**: Ancienne route op. Lycée de Bonaberi Winners Chapel: 671.403.761

- **Nkongsamba**: MPE: 676.40.90.55
- **Melong - GCEPAL**: Tél: 677.80.16.45

<u>Nord</u>

- **Garoua**: MPE: 677.35.62.73/ 694.77.94.78

<u>Nord-Ouest</u>

- **Bamenda**: Bamenda Main Market, **Boutique 15**: 679.451.188, Caisse populaire Carmel (CarCCUL), **Sonac Street**: 651.04.21.27, MPE Bureau régional du NO1, en face Garanti Express: 679.46.63.31, MPE, **Cow Street**: 677.21.97.22, MPE, **Mbomassa**: 683.40.40.88, Omega Fire Ministry, **Foncha junction**: 677.93.19.98, Siège ACADI, **Wakiki junction**: 673.51.19.53, SUMAN Christian Book Center, **Sonac Street**: 675.72.91.32/ 665.49.98.48, Victory Computers, Food Market, **Fishpond Hill**: 677.64.19.54, Femmes pleureuses: 696.00.35.07/ 674.57.36.76
- **Batibo**: MPE: 677.31.25.45
- **Mbingo/Njinikom**: BERUDA: 677.60.14.07
- **Jakiri**: MPE, **Nkar**: 677.73.82.91
- **Kumbo**: MPE: 675.72.91.32
- **Mbengwi**: MPE: 677.33.73.86

- **Ndop:** Bruno Bijouterie, gars centrale: 674.97.59.34
- **Wum:** MPE Central ville: 677.64.32.56, Eglise Presbytérienne de Kesu: 677.13.83.51

Ouest
- **Bafang:** MPE: 678.229.966
- **Bafoussam:** Alliance biblique du Cameroun, **Tamdja** derrière SOREPCO: 699.74.79.10, Radio Bonne Nouvelle: 699.93.09.32, LC du **Camp** oignon: 699.51.47.25, LC PAROLE DE VIE, **gare routière** de Ndiangdam: 699.75.50.99, Dépôt RAYON AMBIANCE **marché A**: 699.42.78.47, EEC **Tamdja**: 696.14.90.16, EEC **Kamkop**: 699.44.03.59, EEC **Plateau**: 696.17.54.23, EEC **Toket**: 695.56.43.61, EEC **SOCADA**: 697.85.65.65, EEC **Tyo-Baleng**: 670.89.70.52, EEC **Kouogouo**: 675.42.27.86, EEC **Diangdam**: 698.35.20.37, MPE **Kamkop**: 653.83.11.80, Faith Bible Church: 683.94.01.21
- **Baham :** MPE : 677.47.55.79
- **Bandjoun :** MPE : 676.41.49.09
- **Bangangte :** Eglise Evangélique du Cameroun **Banekane**: 677.86.47.68
- **Banyo :** MPE : 677.92.05.98 / 674.64.71.31
- **Dschang :** MPE : 675.18.79.85 / 656.20.07.02, MPE **Minmeto**: 681.08.78.37 / 655.01.81.09
- **Foumban :** Décoration Splendeur, **CAMOCO**/Tél. : 677.79.30.83/ 694.85.09.25
- **Kombou:** EEC: 675.81.36.07
- **Mbouda:** MPE: 696.10.41.33/ 676.36.18.11, Cyber Café Pressing à-côté d'Éspace Saint Pierre du Fossie, en face Maison du Partie: 675.00.91.15, EEC **Mbouda Centre**: 695.61.97.79

Sud
- **Ebolowa:** MPE: 677.66.00.19/ 671.90.97.22
- **Ebolowa:** 671.90.97.22
- **Kribi:** Carrefour Django: 675.957.912
- **Kye-Ossi:** MPE: 678.78.00.90/ 699.95.96.99

Sud-Ouest
- **Buéa:** MPE de **Molyko**: 677.86.47.68, Molyko, à côté d'Express Union, **Check Point**: 675.06.37.78
- **Ekona:** MPE: 675.84.26.91
- **Kumba:** Caisse populaire Carmel (CarCCUL), **Sonac Street**: 675.45.12.21, Glorious Christian Book Center, **Sonac Street**: 677.62.58.49
- **Lebialem:** MPE de **Talung**, Bamumbu - Wabane: 670.466.121
- **Limbé:** Librairie Amen, **New town**: 677.16.51.62, MPE de **Mawoh**: 675.78.94.19, MPE de **Cow Fence**: 675.73.20.02
- **Misaje:** Kingdom Restoration Parish (KRP) **en face de l'hôpital**: 679.33.66.53
- **Mutengene:** MPE: 675.36.36.84
- **Muyuka:** MPE: 673.428.985, Royal Priesthood Nursery and Primary School: 677.72.76.80
- **Tiko:** MPE: 654.887.557, 674.473.436
- **Tombel:** Eglise baptiste de Waterfall: 677.92.33.58

<u>À l'Étranger</u> :
- **N'Djamena (Tchad):** Evang. Kaltouma Aguidi: (235) 92.97.46.45 / 66.40.82.50
- **Libreville (Gabon):** Rev. Petipa Flaubert: (241) 05.31.27.39
- 675.73.20.02
- **Misaje:** Kingdom Restoration Parish (KRP) **en face de l'hôpital**: 679.33.66.53

- **Mutengene:** MPE: 675.36.36.84
- **Muyuka:** MPE: 673.428.985, Royal Priesthood Nursery and Primary School: 677.72.76.80
- **Tiko:** MPE: 654.887.557, 674.473.436
- **Tombel:** Eglise baptiste de Waterfall: 677.92.33.58

À l'Étranger :

- **N'Djamena (Tchad):** Evang. Kaltouma Aguidi: (235) 92.97.46.45 / 66.40.82.50
- **Libreville (Gabon):** Rev. Petipa Flaubert: (241) 05.31.27.39

Payez pour vos commandes des livres
(DISTRIBUTEURS UNIQUEMENT) à : EcoBank Nº :
0200212620638901 **ou** ORANGE Mobile Money, Nº de compte : 696880058
Infos lignes : (237) 677.43.69.64, 675.68.60.05, 673.57.19.53, 679.46.57.17 ;
crnprayerstorm@gmail.com,
crnprayerstorm@christianrestorationnetwork.org,www.christianrestorationnetwork.org

Envoyer votre soutien financier à :
Ecobank Nº: 0040812604565101 **ou** Carmel Cooperative Credit Union Ltd. Bamenda Nº de compte: 261 **ou** ORANGE Mobile Money: 699902618 **ou** MTN Mobile Money: 674495895

PUBLICATIONS DU RÉSEAU CHRÉTIEN DE RESTAURATION (RCR/TEMPÊTE DE PRIÈRE)

1- Tempête de prière : guide de prière quotidienne
2- Le pouvoir doit changer de camp Tome 1 : Traiter avec les mauvaises fondations
3- Le pouvoir doit changer de camp Tome 2 : Poursuis, dépasse et récupère tout
4- Le pouvoir doit changer de camp Tome 3 : Jésus-Christ doit régner
5- Le pouvoir doit changer de camp Tome 4 : Lève-toi et brille
6- Le pouvoir doit changer de camp Tome 5 : La restauration des familles 1
7- Le pouvoir doit changer de camp Tome 6 : La restauration des familles 2
8- Le pouvoir doit changer de camp Tome 7 : Bâtis un autel
9- Le pouvoir doit changer de camp Tome 8 : Commander la victoire totale
10- Le pouvoir doit changer de camp Tome 9 : Jouir de votre liberté en Christ
11- Le pouvoir doit changer de camp Tome 10 : Percée surnaturelle
12- Festival de feu Tome 1 : Que le feu descende
13- Festival de feu Tome 2 : Vases oints
14- Festival de feu Tome 3 : Agent de Dieu pour le réveil
15- Festival de feu Tome 4 : Bâtir des autels de restauration
16- Domination
17- Débordement Divin
18- Inébranlable

19- Des sommets plus élevés
20- Arrêter les destructeurs de la famille 1
21- Arrêter les destructeurs de la famille 2
22- Prier comme Jésus
23- Vaincre le géant appelé pauvreté
24- Une vie généreuse
25- Lie l'homme fort
26- Une délivrance personnelle et familiale pour toi
27- Faire la différence par le feu
28- Ton moment d'expansion divin
29- Jésus notre jubilé
30- Le choix d'un ami
31- Les Chrétiens et la politique
32- Une vie de prière dynamique
33- Restaurer les fondations brisées

NB : Tous nos parutions sont en Anglais et Français.

Pour obtenir des copies, veillez contacter votre librairie locale ou envoyez votre commande à :

Prayer Storm Team
BP 5018 Nkwen, Bamenda ;
Tel. : (237) 679.46.57.17 ou 675.68.60.05 ou 677.43.69.64
crnprayerstorm@gmail.com
prayerstorm@christianrestorationnetwork.org

Boutique Tempête de prière en ligne :
Avec MTN ou Orange Mobile Money *(pout les résidents au Cameroun)* et le portefeuille électronique *(pout ceux résidant à l'étranger)*, vous pouvez facilement obtenir la version

électronique de ce livre et d'autres parutions du RCR via
www.amazon.fr au https://shorturl.at/pqxyT ou
www.christianrestorationnetwork.org/our-bookstore.
à https://goo.gl/ktf3rT

www.ingramcontent.com/pod-product-compliance
Lightning Source LLC
Chambersburg PA
CBHW071420160426
43195CB00013B/1758